典礼奉仕への招き

——ミサ・集会祭儀での役割——

第2版

オリエンス宗教研究所 編

オリエンス宗教研究所

カバー・中扉版画／アルベルト・カルペンティール　O. P.
本文イラスト（第８章）／宮崎佳子

序にかえて――みことばと奉仕

　現在、日本のほとんどの教会では、第二バチカン公会議以前からオリエンス宗教研究所が発行してきた日曜日のミサのための小冊子『聖書と典礼』をご利用いただいております。『聖書と典礼』は、キリスト信者が日曜日の典礼を前もって準備し、キリストの死と復活による救いの神秘を祝う感謝の祭儀によりよく参加できるようにすることを目指しています。その意味で、この小冊子のねらいは、二十世紀を通じて連綿と流れてきた典礼刷新運動とつながっているともいえます。

　この典礼刷新運動と、その産物の一つである第二バチカン公会議の『典礼憲章』（一九六三年）では、当時まで多くの聖書学者から批判されていた事柄の一つ、すなわち典礼における聖書の用い方について積極的な発言がなされました。第二バチカン公会議以降のカトリック教会は、典礼の中で聖書が果たす基盤的役割の重要性を再確認し、また、聖書学におけるエキュメニカルな共同研究によって、カトリックの伝統の中にあるみことばの重要性がこれまで以上に強調されるようになりました。その結果、刷新されたミサや諸秘跡の儀式において、ことばの典礼が以前より豊かな、わかりやすいものとなり、信者も聖書に親しむことができるようになったのです。

聖書に導かれる礼拝

典礼の基本は、マタイ福音書18章20節のことばによって十分に言い尽くされていると思います。

「二人または三人がわたしの名によって集まるところには、わたしもその中にいるのである」。

この宣言は、復活した主が聖霊を通じて教会におられることを私たちに気づかせてくれます。私たちが共同体の活動の中心に礼拝を据えることの重要性を示してくれるのです。『典礼憲章』7項が述べているように、復活されたキリストは、さまざまな形、すなわち集う民、朗読される聖書、聖体のパンとぶどう酒、諸秘跡などを通して私たちとともにいるからです。

聖書は典礼祭儀の中でも、最も重要なものです。というのは、朗読される聖書とそれに基づく説教、歌われる詩編は、すべて聖書から導かれるものだからです。祈りと聖歌は聖書に即し、儀式上の所作やしるしの意味も聖書をとおして見いだされます。聖書が礼拝の中心、基本的部分であり、聖書のイメージ、たとえ話、比喩を通じて典礼のすべての形が作り出され、すべての参加者の心に響くものとなっているのです。

聖書に基づかないような礼拝行為は、それがどんなに立派な儀式であれ、また、カリスマ性に富んだものであれ、典礼とは見なされません。典礼行為は教会の活動全体を表現しています。言うまでもなく、それは教会の存在理由である人類の聖化と神への賛美を成し遂げるための源泉です。この意味で、礼拝はキリストの体である教会をつくり上げるためのものなのです（エフェソ4・12参照）。信者一人ひとりに、教会は常に信仰と回心を教え、感謝の祭儀を準備し、キリストの教えすべてに従うことを呼びかけます。キリストは人々を奉仕、礼拝、福音宣教などに招いています。このことから典礼は教会活動の頂点に位置しており、同時に、典礼は教会が神の国の実現に向けて歩み続ける力があふれ出る泉であると言われるのです（『典礼憲章』10項参照）。

奉仕の心を共有するために

教会共同体における奉仕の形態は、さまざまな方法でよみがえり、若返ってきています。古く行われていたように、朗読の奉仕において信徒が参加できるようになったこともその一つです。それだけではなく、教会共同体の中での典礼の多様性を認め、文化の多様性を反映させていくことを奨励する動きに呼応して、新しい歌のミサの形式が日本においても形づくられるようになりました。そして、カトリック教会内では、かなり幅広く信徒の聖体奉仕者などの養成が実施されるようになりました。そのような時代の流れの中で、典礼奉仕の精神とさまざまな役割に対する理解を多くの人々が共有するためのきっかけになればと願いながら、この本を送り出したいと思います。

本書は次の二つの大きな柱から成り立っています。

まず、「礼拝に集う民」のさまざまな顔が描かれます。教会の典礼は集会による祈りの行為であると同時に、個人の祈りの行為でもあります。キリスト信者は、一人ひとりがこの典礼に積極的に参加することが求められています。これを実現するための集会づくりが重要です。そこで、Ⅰでは典礼の準備や進行に関する奉仕の役割を概観し、それから、集まる人の諸状況（障害者、外国人、子どもなど）に応じた「ともにささげる典礼」のあり方を考えます。いわば、日常生活の中で、信仰共同体が救いを祝うことの意味とそのための奉仕の重要性が示されていきます。

Ⅱでは、さらに具体的な、典礼における奉仕の役割分担が取り上げられます。前述のようにすべての奉仕は聖書から切り離すことはできません。聖書が典礼集会で読まれ、歌われるときに、私たちは共同体として生きる喜び、感謝と賛美、そして祈りを神にささげる勇気を与えられるのです。そこから湧き出る奉仕の礎は、イエス・キリストご自身が神と人々に仕える方であるということにほかなりません。それを学び、実行して生きることは、すなわちキリストの心をもって奉仕するという精神から、それぞれの奉仕者自身が回心し、育成されることの大切さが示されます。

また、移り変わる教会の宣教司牧のニーズとして求められている「司祭不在のときの主日の集会祭儀」についても取り上げられます。これは日本でも、各地の教会共同体で実施されているものです。これからも多く行われていくことが予想されますが、そのための基本的な考え方を学んでおきたいと思います。

このように本書は、現代日本のカトリック教会のニーズから出たものであることは申し上げるまでもないでしょう。それらの課題を真正面から取り上げてまとめ、ご執筆いただいた方々に、心からお礼を申し上げます。また、本書全体に目を通し、調整の労をとってくださった石井祥裕氏と幸田和生師にもあわせて感謝申し上げます。

二〇〇四年十一月

ムケンゲシャイ・マタタ

目次

序にかえて――みことばと奉仕

I　ともにささげるために

Ⅱ　仕え合うために

典礼奉仕への招き——ミサ・集会祭儀での役割　第2版

本文中の聖書引用は『聖書　新共同訳』（財団法人日本聖書協会）によりました。

教皇庁は二〇〇二年に『ローマ・ミサ典礼書』規範版の第3版を発行しました。この第3版における総則の邦訳は、二〇〇四年五月に『ローマ・ミサ典礼書の総則（暫定版）』としてカトリック中央協議会より発行されています。本書では、本文の中で総則の番号を記載するときには、〔現行〕の番号と第3版の〔新〕番号とを併記しています。本文中、第二バチカン公会議の『典礼憲章』『教会憲章』の本文引用がある箇所は、『第二バチカン公会議文書』改訂公式訳（カトリック中央協議会　二〇一三年）に従いました。

二〇〇五年の本書刊行後に発行された日本カトリック典礼委員会編『カトリック儀式書　ミサ以外のときの聖体拝領と聖体礼拝』改訂新版（カトリック中央協議会、二〇〇七年十二月十日）、日本カトリック司教協議会著『日本におけるミサ中の聖体拝領の方法に関する指針』（同、二〇一四年十一月一日）、および『新しい「ローマ・ミサ典礼書の総則」に基づく変更箇所　二〇一五年十一月二九日（待降節第一主日）からの実施に向けて』（同、二〇一五年六月十五日）に基づいて若干、変更したところがあります。

I　ともにささげるために

第1章　典礼と私たちの役割

1　典礼そのものが奉仕

カトリック教会で、一般に使われる意味での「典礼」ということばを、私たちはどのように理解しているでしょうか。普通に考えるのは、日曜日に行われるミサのことだと思います。ミサを行うための式次第や式文を記した典礼書は、『ミサ典礼書』というところからも、ミサが最も基本的なカトリック教会の典礼であることは周知のことと思います。

また、キリストの死と復活を一年の中で盛大に記念する典礼は、一般に「聖週間の典礼」と呼ばれます。主日ミサを軸に、この聖週間を囲む四旬節と復活節、そして待降節と降誕節などの季節の特色や各祝祭日の特色をもった祭儀が一般に典礼と呼ばれています。

教会の典礼には、さらに入信式、叙階式、結婚式、葬儀、修道者の誓願式などの種々の儀式を伴うミサがあり、また、毎日の定時の集会礼拝である「教会の祈り」（ラテン語の名称は「時の典礼」）も、典礼の大切な形態です。そしてまた、「神のことばの祭儀」や「集会祭儀」も、教会の典礼の豊かさを示す重要な礼拝形態です。

このような典礼の最もわかりやすい特徴は、すべて「行い」であるということです。心の中で祈ったりすることや、神について個人的に考えたりすることではなく、典礼は、まず信者が集まるという行動があって初めて始まります。そして、賛歌を歌い、祈りを声に出して唱え、聖書を朗読し、それを拝聴し、一定の象徴的な動作や行為を相互に行うという、一連の「行為」の組み合わせによって進行していきます。

典礼が英語でサービスとも呼ばれ、ドイツ語ではゴッテスディーンスト（神奉仕）と呼ばれますが、実際、典礼は、現実の教会の集会の中で行われる相互の奉仕的な行為をとおして、究極的には、神に対する奉仕が行われるというところに、その本質があります。その源には、キリストの奉仕をとおして実現された、すべての人の救いのための神ご自身の奉仕があります。その神とキリストの奉仕にこたえて、神の民が賛美と感謝の心をもって一つになって、神のためにささげる奉仕が、典礼であるということができます。典礼と奉仕とは別々なものではなく、典礼そのものが奉仕なのです。

2　キリストが祈り、ささげておられる

典礼そのものが奉仕であるということを考えるために、教会のあらゆる典礼行為の中心には、キリストがおられるということを深く考える必要があります。

典礼におけるキリストの現存ということですが、これについて述べている第二バチカン公会議の『典礼憲章』7項では、典礼はイエス・キリストの祭司職の行使であり、「イエス・キリストの神秘体、すなわちその頭《かしら》と部分によって、完全な公的礼拝が果たされる」といわれます。信者全体、教会全体がキリストと一体になって行うこととして典礼の本質を語っているところです。

「祭司」ということばは、神と人とを結ぶ仲介的な奉仕者を指すことばで、これは、一種より高められた一つの比喩としてキリストについていわれていると考えることができます。新約聖書の『ヘブライ人への手紙』は、特にキリストが大祭司であるという視点で、その奉献の生涯の意味に光をあてています。

『典礼憲章』7項は、この祭司としてキリストのあり方が、典礼の中で、さまざまな形で

表れ、キリストの現存が示されると述べています。ミサ全体に、司祭の奉仕のうちに、特に聖体のもとに、またそれぞれの秘跡の授与をとおして、さらに聖書が教会で読まれるとき、神の民が懇願の祈りをささげ、賛美の歌を歌うときも、そこにはキリストが現存し、祈りを父である神に届け、神の民全体の奉献を導いて父にささげるのです。

このような、典礼祭儀におけるキリストの現存は、ミサのあらゆるところで表されます。「主は皆さんとともに」というたびたび繰り返される挨拶はその典型です。また、祈願の結びの句「わたしたちの主イエス・キリストによって」「アーメン」は、司祭の奉仕によってとりまとめられた神の民の祈りを、父である神にささげる方がキリストであることをつねに示します。典礼が本質的に奉仕であるということとは、言い換えれば、そこにはいつもキリストがいるということです。

「人の子は仕えられるためではなく仕えるために、また、多くの人の身代金として自分の命を献げるために来たのである」（マルコ10・45。マタイ20・28も参照）

このことばに集約されるキリストの生涯を思い起こし、「皆に仕える者になり、……すべての人の僕となりなさい」というキリストの呼びかけに従う行為として、私たちの典礼参加と奉仕の意味を見つめていくことが、何よりも大切なことだと思います。

3　祭司としての神の民

教会の典礼は、キリストの祭司職の行使であるという理解は、キリスト者共同体（教会）が神の民であり、祭司的な存在であるという新約聖書の教えに基づいています。『ペトロの第一の手紙』が出エジプト記19章6節のことばを踏まえて語ることばの中にそれが示されます。「あなたがたは、選ばれた民、王の系統を引く祭司、聖なる国民、神のものとなった民です。それは、あなたがたを暗闇の中から驚くべき光の中へと招き入れてくださった方の力ある業《わざ》を、あなたがたが広く伝えるためなのです」（一ペトロ2・9）。

ここでは、新約の神の民（教会）の「祭司」的なあり方が福音宣教と結びつけられていることも大切です。

他方で、『ヘブライ人への手紙』も、大祭司であるキリストに近づく信仰者の道として、次のように勧告します。「……だから、イエスを通して賛美のいけにえ、すなわち御名をたたえる唇の実を、絶えず神に献げましょう。善い行いと施しとを忘れないでください。このようないけにえこそ、神はお喜びになるのです」（ヘブライ13・15―16）。

ここには、典礼的な奉献行為と同時に、日頃の善行や施しのこともいわれています。生活をとおしての神への奉献が呼びかけられているのです。パウロも「自分の体を神に喜ばれる聖なる生けるいけにえとして献げなさい」（ローマ12・1）、ペトロも「聖なる祭司となって神に喜ばれる霊的ないけにえを……献げなさい」（一ペトロ2・5）と語り、生活全体をとおして神に自らをささげていく奉献を強く呼びかけています。

このように、神の民全体のもつ祭司的な奉仕の使命は、すべての人に神のことば、福音を伝える活動（福音宣教）に結びつき、また、狭い意味での祭儀行為だけでなく、社会生活の中での奉仕へとつながっていくべきものなのです。信者の共同体とともにおられるキリストとの交わりが、一人ひとりに呼びかけられる奉仕や奉献の原動力となっていきます。その場が、日頃の具体的な典礼であるということができます。その意味で、ミサは糧となるのです。

『典礼憲章』10項のことばにならっていえば、典礼における神への奉仕は、神の民のあらゆる奉仕の目指す頂点であり、同時にあらゆる奉仕の力があふれる源であるといえるでしょう。この神の民の根本的なあり方としての祭司的なあり方を土台として、現実の典礼集会に個々の奉仕の役割の意味が照らし出されていきます。

4　教会の歴史の中で

二十世紀の後半において、典礼が教会共同体全体の奉仕であることを新たに自覚したことは、長い教会の歴史の中でも画期的な出来事でした。共同体の奉仕というときは、司祭や修道者だけでなく、すべての信徒を含む教会共同体が一つとなって神にささげる賛美と感謝の奉仕であるということが肝心です。

新約聖書のうちに記されている、初代教会の姿（使徒言行録、一コリント12章など）は、実際、さまざまな役割や賜物をもつ人々からなる教会が一体となって集っていたことを生き生きと伝えてくれます。この流れは、古代教会を通じて続いていきます。この時代、シリア語やギリシア語やラテン語や、その他のあるゆる言語文化圏ごとに、その固有の言語で典礼を行おうという努力が自然に行われていきました。その結果、特色あるさまざまな典礼様式が生まれていきます。これは、聖書の翻訳や当時の教父たちの説教や注解による聖書の解説と結びつき、また、会衆の積極参加は、賛歌の発達も促しました。それぞれの文化圏の教会ごとに、自分たちがもつ文化遺産を有効に生かしながら、神へのささげものとしての典礼を豊かに形づくっていったのです。

ところが、中世以降のヨーロッパの教会では、典礼が信徒も含む教会共同体全体のものであるという意識が薄れていきます。これ自体、社会や教会のあり方、言語の問題など、いろいろな事情から生じたことですが、結果的には、近世を経て現代にまで続く、いわゆる聖職者主義的な典礼観を生み出すことになりました。

ミサとは、司祭あるいは修道者が行う「聖なるお務め」という意識が強まり、信徒は、司祭に立てていただくミサを傍観するか、ただ聴くだけという状態が普通になっていきます。実際、祭壇域で司祭や奉仕者がミサをささげている後方の信徒席では、信徒用の祈りを祈ることが日常の聖堂の光景だったそうです。このような中で、特に十六世紀のトリエント公会議後に作られた『ローマ・ミサ典礼書』（一五七〇年）が標準形として想定するミサは、司祭が会衆を伴わずに執り行えるような形のものとなっていました。

このような状況を反省して、神の民一同がともにささげる典礼の姿を、現代の文明社会の中で新たに実現することを主な目標として、第二バチカン公会議（一九六二―六五年）は、抜本的な典礼の刷新を始めたのです。

5　だれもが祭司

第二バチカン公会議によって開始された典礼の刷新の中で、とりわけ印象的だったのは、いわゆる「対面司式」への変化だったようです。それまでは、祭壇域（内陣）の奥の壁に向かってそれにつく形で祭壇があり、司祭は信徒席に背を向けて司式するのが通常でした。対面司式は、共同体でささげるミサが、本来の、そして標準の形式であることを明らかにした新しいミサをまさに象徴するものだったのです。

そして、一九七〇年に規範版第一版が発行された新しい（現行の）『ローマ・ミサ典礼書』をはじめとして、典礼刷新の精神によって改定された典礼書・儀式書の特色は、現在のミサの式次第が示すように、開祭の「父と子と聖霊のみ名によって」「アーメン」から始まって、閉祭の「行きましょう。主の平和のうちに」「神に感謝」に至るまで、すべての祭儀が会衆の参加を前提とし、式次第が一貫して司式者と会衆との対話として進行していくことです。

この対話をとおして、共同体一同の賛美のうちに、典礼という神へのささげものの真の司式者であるキリストの姿が現れてくるといわなくてはならないでしょう。このキリストを頭として、神の民全体の祭司職、司祭の奉仕的祭司職、そして信者すべてがもつ共通の祭司職が表されるのです。

信者の共通祭司職の実現は、行動的参加ということばでも表されます。これについては、次章以降主に言及される、個人や数人で行われる固有の役割以前に、まず、集会を成り立たせる出席・参加こそが、共通祭司職の実現であるということを考える必要があります。そして、また会衆一同の唱和の部分も典礼祭儀には欠くことのできない重要な要素です。参加すること自体が最も基本的な奉仕であり、会衆一同として担う最も大切な部分を果たすことであるという意識をしっかりと確立したいものです。

さらに、根本的奉仕としての参加に関連して、典礼のためのさまざまな準備の奉仕も考えておかなくてはなりません。司祭や祭壇奉仕者のための準備に仕える祭服・祭具に関する手配、祭具室（香部屋）での奉仕、会衆に聖歌の番号を伝える役割、会衆用パンフレットの配付などで、多くはその共同体の状況に応じて行われているものです。それらの場面から、すでに行動的参加と共通祭司職の行使が始まっています。その上で初めて、個々の奉仕の役割が成り立ってくるのです。

第2章　集会づくりと進行のための奉仕

1　案内係

典礼は教会共同体の奉仕であるということを理解すると、式が始まる前の前段階の準備、いわば「集会づくり」がとても大切であることに気がつきます。ここでは、典礼集会づくり一般という意味で聖堂内外での案内係の役割を考えてみたいと思います。

これについては、それぞれの共同体で、受付係や案内係を特別に設けている場合もあれば、教会委員や典礼係などが、つねに聖堂を訪れた人々の必要に応じて案内役をするという場合もあるでしょう。とりわけ初めて訪れた人への案内は、その人にとってその教会の印象を決定づけることもあるほど重要な意味をもつことがしばしばです。

案内係には、まず、ある人がミサに参加し、その人が共同体とともに典礼をささげるために必要なことを案内するという「その人のためのサービス」という面があります。例えば、案内係の役割は、各人に応じた座席についてなどの案内だけでなく、会衆用式次第や聖歌集など、その日の典礼で使う物を適切に配布することなどです。これは、信者ではない人が参加することも多い結婚式や葬儀の場合には、特に重要になります。

案内すべきことの具体的内容は、それぞれの聖堂の特質や、どのように祭儀を形づくるのか（どの聖歌［集］を使うかなど）の方針と関係してくることですので、何よりも、司祭や各教会の典礼委員、それから各奉仕者全体が定期的に共同の検討を進めていくことが求められます。そして、実際の場面では、必要な掲示を行うとか、あるいは、案内係が聖堂の入り口近くに控えて人々の参集状況を見守り、対応に努めるとか、場合によっては全員に向けてのアナウンスを要請するなどの臨機の判断が求められます。

案内サービスは、したがって、統一化と全体調整をたえず必要とします。多くの場合は、ある決まった慣習が出来上がってそれによって行われていくことも多いのですが、それは、しかし往々にして「慣れ」に流れてしまう場合もあります。まず、典礼集会を成り立たせるこの奉仕がとても大切なのだという意識を教会共同体全体で確認し、共有し、適宜、見直しを進めることが必要とされます。

2　進行案内役

教会共同体がともにささげる典礼が本来であることを新たに示した現代の典礼では、祭儀の進行は、いわゆる司式者だけではなく、対話句をともに担う会衆全体の役割にもなっているといえます。これに加えて、進行を補助的に助ける役割も現実には必要になるときがあります。『ローマ・ミサ典礼書の総則』（以下『総則』）（現行68項、新105項）で「解説者」と呼ばれているもので、「信者を祭儀に導き、よりよく理解させるために、信者に指示や説明を与える」とされている役割です。司会者または進行解説係と呼ばれることもあるかと思いますが、ここでは「進行案内役」ということにします。

この役割は、いつも必要とされるわけではありません。本来は、会衆皆が典礼の式次第の意味をよく知り、その上で司式者と会衆との対話そのものによって、静かに神に祈りがささげられていくのが望ましいわけで、式文以外のアナウンスはできるだけ少ないほうがよいといわなくてはなりません。

とはいえ、通常のミサとは違う形の典礼祭儀のときには、参加者に必要なことを伝える的確な説明がやはり必要とされます。例えば、いつもよりも多くの人が参加するような復活の主日や主の降誕のミサ、さらに、毎週の典礼と異なる要素の多い聖週間の典礼、さらに叙階式、誓願式、葬儀など他の儀式を伴うミサの場合です。このような場合の進行案内役の告知は、総則のいうように「正確で、簡潔明瞭でなければならない」ことはいうまでもなく、祭儀にふさわしい落ち着いたアナウンスが求められます。

祭儀の進行や会場の案内のしかたについて、司式者をはじめ各奉仕者間での十分な打ち合わせがなされていることが必要で、進行案内役はそのために、式次第、あるいはその日の祭儀のために作られた会衆用パンフレットを何度も確認し、案内用のしっかりとしたメモや台本を作ることも必要です。

担当者は、この役割のためにふだんから、対象となる典礼について研究しておくことが必要です。式次第や総則を調べることはもちろん、その共同体での行い方・適応方法や方針を、司式者、各奉仕者とともに研究すること、またその際に、固有の会衆用パンフレットを作る場合には、その企画・製作段階から参加することも必要なことです。

3　先　唱　者

ミサの進行の中で、もう一つの信徒の奉仕として重要な役割が先唱です。この先唱ということばは、私たちのミサの実践の中では、しばしば広い意味で使われています。本来、『総則』の中では、「先唱者」の原語はカントル（歌い手）です。意味的には「歌唱を導く人」という意味になると思います。『ともにささげるミサ』（オリエンス宗教研究所）の中の式文では、「先唱」という用語は、「あわれみの賛歌」「感謝の賛歌」「平和の賛歌」での歌い出し役のことや、共同祈願の意向を唱える役割として記載しています。

各賛歌に関しては、聖歌隊がいる場合、それらの歌は、聖歌隊と会衆との間で展開します。先唱者とはその場合、聖歌隊の中で歌を導く役の人になります。聖歌隊がいない場合には、直接会衆の歌を先導する役を先唱ということになるでしょう。

しかし、日本の教会の日頃の実践を見ていると、実際には、歌わない場合のミサのときに、「先唱」という役割が意識されることが多いのではないかと思います。人数の少ないミサの中で、会衆が「あわれみの賛歌」「感謝の賛歌」「平和の賛歌」を唱和するときの先導役や、「入祭の歌」や「拝領の歌」の代わりに唱える「入祭唱」や「拝領唱」を唱えるときの導き役のことです。

いずれにしても、先唱者には、ミサの式次第を熟知していることが求められます。また、典礼暦年にも通じ、季節や祝祭日に応じた固有のことにも対処できるような養成が必要とされます。何よりも、その教会に即した典礼の行い方や約束事に関しては、司式者とともに、検討を行うことも必要です。

実際のときのためには、『ともにささげるミサ』や『聖書と典礼』などを使って、その日の典礼の進行を前もってイメージし、実際の場面では、「ことばの奉仕」として、その集会に即した配慮のある、味わい深い朗唱を心がけることが大切です。

現実問題として、小さな集いのミサでは、先唱者は、司式者を助ける唯一の信徒の典礼奉仕者である場合も多く、聖書朗読や献金集めの手配など、スタッフとして一人何役も担当することもしばしばです。その際にも、集まっている人に、助け合って、ともにささげる典礼をつくることを呼びかけ、協力を求めることも大切なことです。

4　聖歌隊と楽器奏者

進行案内役や先唱者の奉仕と不可分なのは、聖歌隊と楽器奏者（多くはオルガン奏者）の役割です。これは、むしろ、現在のミサが、共同体によって歌ってささげるミサをより望ましい標準形と考えている以上、むしろ、典礼の進行に関しては司式者と並んで、最も重要な役割を担っているといわなくてはなりません。

『総則』（現行63項、新１０３項）では、聖歌隊の奉仕については式次第ごとの歌に関して、その役割が簡潔に述べられているだけです。またオルガン奏者についても聖歌隊と同様であるという以上のことは述べられていません。具体的な歌い方や奏法に関する指導は、各歌に即してなされるべきものでしょう。ここでは、次のことの言及にのみとどめます。

聖歌隊や楽器演奏者は、通常のミサの中では、本来は、ミサの式文や賛歌、特に聖書朗読の間の歌などに関する奉仕が最大の任務となります。したがって、式次第はもちろんのこと、聖書朗読の内容について、典礼暦年も含めて基礎的学習が必要になります。

個々の歌唱や演奏は、基本的には、『典礼聖歌』やその伴奏譜を頼りに、あるいは、経験者からの伝授や指導を通じて進められていると思いますが、その奉仕の素養をなし、直接の準備になることとして、何よりも、式文のことばやすべての歌詞についてその内容や、典礼の中での機能を含めて、「読み」を深めていくことが大切です。

祈りのことばに集中し、それに奉仕する心を深めていけば、おのずとそれは歌唱や演奏に反映され、会衆の歌を深い祈りに招くものとなりうるでしょう。これも、しばしば一種の「慣れ」や「くせ」に陥ってしまいがちですので、たえず、司式者・聖歌指導者・オルガン奏者が共同で、見直しや調整をし、練習を重ねる努力が求められるところです。

典礼聖歌に関しては、主要な作曲者である髙田三郎氏が、自ら作曲した聖歌の歌い方について解説した『典礼聖歌を作曲して』（オリエンス宗教研究所）が数少ない参考文献の一つです。現代の典礼の理念からすれば、典礼奉仕としての聖歌隊の奉仕やオルガン奏者の奉仕についてはもっと組織的な養成態勢が求められるところですが、現状では個々に教会音楽家の実践指導や各教区で企画される研修会活動の機会を見つけて、実習することが望まれます。今後の典礼聖歌の発展とともに養成の課題は考えていく必要があるでしょう。

5　献金に関する奉仕

『総則』では、司祭席から離れた場所で奉仕する信徒として、「聖堂で献金を集める者」が言及されています（現行68項、新105項）。また、献金そのものについては、「貧しい人のため、また教会のために信者が持ってくるか、あるいは教会堂内で集めるかした献金または他のささげものも奉納される。それは感謝の食卓以外の適当な場所に置かれる」とあります（現行49項、新73項）。

ここでは、献金の集め方などについて具体的に規定されているわけではなく、多くはそれぞれの聖堂に応じた慣習に従って実践されている部分といえるでしょう。

日本の教会では、最近は、会衆席の間で次々と献金かごを回して集めるという方法も広く見られます。この場合、信徒一人ひとりが献金者であると同時に献金集めの奉仕者であるということができます。その場合でも、通路や聖堂全体を見渡せるところで、進行を見守り、かごがスムーズに回るように調整するなり、それらをそろえて奉納奉仕者に渡すなり、この部分をコーディネートする係が必要です。特に、この役割が重要になるのは、特別に多くの人の集まる盛儀のミサの場合です。それには十分な打ち合わせと奉仕者間の調整が必要となります。

また、前もって信徒各自が聖堂に入ってくるときに、献金かごに献金しておくという形をとる場合もあるかと思います。祭儀の準備行為の一環として行われる場合ですが、この場合でも、全体を見守り、必要に応じて適度な案内をするような係が必要となるでしょう。

何よりも大切なことは、ミサ中の献金ということが決して二次的なことではなく、ミサの集会が本質的に全教会による物質的な助け合いの場でもあるということを考えることです。教会は、物質的なこともすべて神からのものとして受け、感謝をもって分かち合い、互いに仕え合う姿勢を具体化していくのです。

そのために、そのつどの献金の趣旨を知らせるという告知や広報の役割も必要です。通常のミサ献金が何のためのものなのか、また日本の教会での特別な献金日の意向について、何らかの形でよく伝わるような配慮が必要です。『カトリック教会情報ハンドブック』や『教会暦と聖書朗読』（いずれもカトリック中央協議会）など、いろいろな資料を活用して、広報係と連携することも献金に関する奉仕の大切な側面です。

Q&A 1 「信者」と「信徒」

Q 「信者」と「信徒」という二つのことばがありますが、どのような意味合いの違いがあるのでしょうか。

A 両方とも翻訳語ですが、「信者」（フィデリス）とは、他の諸宗教にも使われるように、その宗教の信者全般を指すことばで、キリスト教の場合は、キリスト者全般を総体的に表すものであるということができます。「神の民」ということばとも重なります。

それに対して「信徒」とは、元のギリシア語は「ライコス」で、三世紀頃から「クレーロス」（「聖職者」とか「教役者」とか訳される）ということばとの対比でよく使われるようになったものです。教会の組織が拡大してくる中で、奉仕的な役務に叙階される司教・司祭・助祭と、そのような叙階を受けるのではない一般のキリスト者を指すことばに分かれてきました。さらに、修道者との区別もなされていきます。

このような（広義の）聖職者と信徒との区別は、歴史的には、社会的文化的な意味合いをあわせ持って、強調されていったといえます。しかし、現代のカトリック教会は、その違いや区別の意義を尊重しながらも、むしろ、総体としてのキリスト信者、言い換えれば新約の神の民である教会が世界の中で、すべての人の救いのために何ができるかという、教会全体の使命や役割を自覚することに力を注いでいったということができます。

このような現代の教会の根本的な姿勢を知るために最も重要な文書は、第二バチカン公会議の『教会憲章』や『現代世界憲章』です。その中では、「神の民」として信者全体をとらえる見方と、叙階を受けた役務者とも修道者とも異なる信者のことを「信徒」として区別して述べる見方とが微妙に絡み合っています。この全体的な捉え方と、区別した捉え方との二重の視点を持つことが実はとても大切なことです（なお、『新教会法典』207条は「信徒」を「聖職者」との区別において規定しています）。

『ミサ典礼書』やその「総則」には、個々の事柄についての主に司教・司祭・助祭の務めと信徒の務めに関する区別が主に書かれているように感じられますが、その一つひとつの根底には、『教会憲章』や『現代世界憲章』などが示している、「神の民」としてのすべての信者が共通にもっている使命への呼びかけがあることを認識しておくことが大切であると思います。

Q&A2 「祭司」と「司祭」

Q

「信徒の共通祭司職」ということばを聞きますが、「司祭職」と理解してよいのですか。

A

「祭司」と「司祭」は、漢字熟語をひっくり返しただけの、字義としてはほぼ同じ意味のことばであるため、たびたび誤解が生じます。

キリスト教の用語法の中で、「祭司」ということばが出てくるもとは、旧約聖書にあります。旧約の律法で、主である神をまつる祭儀を司る奉仕者として立てられた役割のことを「祭司」といい、またイスラエルの民が「祭司の王国」と呼ばれ（出エジプト19・6）、その歴史的な使命（すなわち諸民族の救いのために、神と人に仕える民として選ばれたこと）を意味することばとして使われます。このことばが、新約聖書では、イエス・キリストに適用されて、旧約の祭司の奉仕・奉献の務めを凌駕し完成した「大祭司」キリストという理解がなされたり（ヘブライ書）、また、旧約の民に対比して、新約の神の民の本質や使命を語ることばとして「選ばれた民、王の系統を引く祭司」（一ペトロ2・9）などと使われたりします。

原則的には、「祭司」ということばは、キリスト理解や教会理解のための神学的なことばとして育っていったということができます。他方、使徒言行録などでは、初代教会の共同体の指導者を表すことばの中にある、「監督」（エピスコポス）ということばのほかに、「長老」（プレスビュテロス）ということばがあります。もとより、古代イスラエルや古代ユダヤ人の社会生活の中で生まれた指導者用語です。

教会の中では、二—三世紀には、やがて、監督がその首席として立つ長老の団体がいて、監督に奉仕する執事がいるという役務者の秩序が成立していきます。カトリックの用語でいう「司祭」とは、この長老に由来することばです。

その後、ヨーロッパではこの長老（司祭）を表すのに、それぞれの言語における「祭司」を意味することばがあてられます。また、「司祭」をあたかも、旧約時代や他の宗教における「祭司」のようにイメージしたり、また信者全体の奉仕の重要性や信徒の個々の役割への理解が薄くなったりしたことから、「祭司」と「司祭」の混同が生じていきました。

近年では「祭司職」はより根本的で普遍的な意味をもつ神学的な用語として、叙階された役務の一つである「司祭」と混同しないように、「司祭職」とは訳さないようになりつつあります。ただ残念なことに、南山大学監修の『第2バチカン公会議公文書全集』（サンパウロ）や教会論に関するいくつかの神学書の訳では、ここでいう「祭司職」が「司祭職」と訳されているので注意が必要です。

第3章　障害者・高齢者とともに

加齢に伴い心身の諸機能が低下することは自然の理です。それゆえ高齢者と障害者を一つにくくって論ずることは、それなりの合理性があると考え、特に留意すべき点以外は高齢者を「障害者」の語の中に組みこんで書くことにします。さらに、「障害」、ないしは「健常」という表現になにがしかの問題を感じないわけではありませんが、他に適切な用語が見当たらず、やむなくこれを使うことといたしました。ご理解ください。

1　典礼と日常性

二千年前、ユダヤの地で起きた一人の若者の刑死（十字架という受難）、そして復活、昇天、この歴史的事実（一回性）がまずありました。それを歴史と世界の広がりの中で確実に伝えていくには、どうしても抽象化・普遍化することが必要で、必然的に儀式化されることを意味していました。さらに儀式の中身を確定するには、執行者・行為（使用される物）・ことばの三要素が確定されねばなりませんでした。そうした固め方をしなければ、この儀式もやがて歴史の砂山の中で変質を繰り返しながら消滅していくことになるからです。

もう一つ、十字架の犠牲（救い）という一回限りの事実は、後世に、そして世界に広められるため儀式化されたわけですが、それは同時に日々反復されながら継承されねばなりませんでした。ですから儀式とその反復とは、「一体不離」なものなのです。二千年前、アジアの西で起きた一つの事実（救い）が、二十一世紀の極東の島国に生きる私たちに今日的なリアリティをもって迫ってくるために、儀式化とその反復は不可欠な事柄なのです。

他方、この儀式化とその反復には、避けることのできないある種の限界がつきまといます。すなわち、二千年前に起きた救いの事実が持つ非日常的な性格（緊張）は、儀式化とその反復の中で否応なく日常性のほこりをかぶり、その中に埋没していく危険性と可能性をも持つのです。繰り返しているとだんだん新鮮でなくなってしまうということは、人間の持つ避けがたい傾きです。日常的惰性の中で、いかに非日常的要素（充実感）を保っていくか。これは教会にとっても信徒一人ひとりにとっても絶えざる課題といえるでしょう。

2　一体化ということ

ミサは雨のように注がれる神の愛と、これに応える人間の、全人的で最も直接的な出会い――応答――の場です。

聖変化と聖体拝領はひと流れのものであり、出会い・応答の極致です。こうして私は神と一体化します。そして一体化した神を通して私はさらに隣に座る人とも一体となります。それは同時に集団としての一体化でもあります。そのとき、神と人、人と人は二重の意味で一体となります。聖堂に赤ランプがついているとき、私は「この場にいる人（集団）はあの赤ランプを通して一つなのだ」と素直にそう思います。

では一体化とは何でしょうか。理屈ではこう思っています。「自分を与え尽くし、相手を受け入れ尽くすこと」（でもそれがどんなに難しいことか、私も身に染みて知っています）。

まず、圧倒的に降り注がれる神の愛（意志）を前に、私は、障害の苦しみなどというものはまったく意味を持っていないと結論します。

聖書で、ヨブは、「私はなぜこんなに苦しまねばならないのですか」と神に真正面から問いただします。それはヨブの全体重をかけた神への詰めよりです。これに対し神は、「わたしはお前に尋ねる、わたしに答えてみよ。わたしが大地を据えたとき、お前はどこにいたのか……」（ヨブ記38・3b—4）。「知っているなら答えよ」とヨブの質問には答えずまったく別の筋違いな、少なくともそう聞こえる問いを投げ返してきます。そして賢いヨブは自分の問いが、それが自分にとっていかに大きなものであったとしても、なお神の偉大さの前にはまったく無に等しいものであることを瞬時に納得し、神の前に平伏します。このヨブの瞬間的な、しかも決定的な平伏を踏まえるなら、障害の困難など無に等しいのです。

ミサで隣の人と一体になるのであれば——相手に与え尽くす、相手を受け入れ尽くす、ということであれば——隣に座っている人（障害者）のニーズに応えることはごく自然な姿です。

二人三脚というレースは、もちろんゴールに向かって走るわけですが、そのためには隣の人の足の動きに合わさなければなりません。「前に進むために、横に合わせる」、この九十度の関係が大切です。神というゴールに向かうためには、横に座っている人（障害者）の存在に合わせるのです。九十度の関係です。相手を無視して勝手に走れば、相手を引きずる格好となり、ひもは足に食いこみ、レースは確実にびりになります。

3　話しかけることの大切さ

障害者が教会に来るときには一人で来ることもありますが、多くは介助者・手話通訳者などの付き添いと一緒に来ます。

そんなとき大切なことは、障害者に直接話しかけることです。決して付き添ってきた人と話すべきではありません。もちろん付き添ってきた人と、実務的に話さなければならないことがあるでしょう。そんなときでも、必ず、話す心構えはいつも障害者当人が相手です。自分のことを自分を抜きにして第三者同士が話しているとき、自分が無視されていることを、さらにいうなら、自分が素材として扱われていることを、障害者は敏感に感じるものです。たとえ、善意あふれる第三者同士の話であったとしてもです。自分が弱者であることを知っている彼らは、たぶんそうしたとき黙っているでしょう。でも悲しいことは間違いありません。それは障害の種別を超えた、年齢を超えた、普遍的な「人間としての反応」なのです障害者と話すときは、通常のおとな同士の話し方で話してください。往々にして、おとながが子どもにものを言うような話し方をする人がいます。障害者は敏感に「子ども扱いをされた」と感じます。むっとして、「私はおとなです」と心の中で主張します。そしてやはり悲しみを感じます。でも、そのことについてほとんどの障害者は不満を口にしません。痴呆状態にある高齢者に対しても同じ目の高さで接します。一人前に扱われたことを相手は、必ず感じるものです（このことは治療的にも意味があります）。

障害者が、一人で教会（ミサ）に来たようなときは、必ず先に声をかけてください。「ミサにおいでですか?」「神父さまにご用ですか?」「ご相談ごとですか?」など何でもよいのです。見ず知らずの教会に一人で初めて来た障害者は、不安とおびえによる緊張ではちきれそうなのです。なぜなら、障害者は自分の無力をよく知っているからです。ですから、自分から声をかけることには大きな勇気がいるのです（そうした勇気を持たないからといって責めないでください）。そして相手から声をかけられると、とてもほっとするのです。おぼれかけた人は投げかけられたロープにしがみつくものです。声をかけるときには、ご自分から名前を告げてください。人間関係は、名前がわかることで意識の中にはっきりと定着し始めるものです。

移動のときは、決して「連れて歩く」と思わないでください。それは親が子どもを連れて歩くといった「保護」——もっと強く言うなら「支配」——の観念につながった意識です。大切なことは、歩くのは本人であって、こちらは支える立場だということなのです（車いすを押す場合でも同じです）。障害の程度への対応というものには多くの多様性があり、決して画一的に応じられるものではありません。白杖使用者でも、とても勘のよい人もいますし、そうでない人もいます。車いす使用者でも体力の十分ある人と、やっと座っている人とでは、気配りも大いに異なります。「この障害にはこう関わればよいのだ」との先入観で決めてかからないことが大切です。

4　障害に応じて

身体障害者福祉法では例えば、両眼の視力がそれぞれ〇・一以下を「視覚障害者」としています。しかし、〇・一〇一の人（健常者）と〇・〇九九の人（視覚障害者）との間では何がどれだけ違うでしょうか。要するに障害者と健常者を厳密に区分けすることは不可能であり、また建設的な意味はありません。その区分けは単に行政ニーズから生まれたものであり、しょせん概念的なものです。そうした大枠の中で、さらに障害の種類・程度の区分けをするわけですが、これは、またいろいろな意味で、かなり厄介なのです。

例えば、視覚と聴覚の二重障害、いわゆる「盲聾者」と呼ばれる人々がいます。また、弱視の見え方というものはそれこそ十人十色です。関係性障害では、うつ病と統合失調症の混ざった人、さらに人格障害とうつ病の混ざった人など、その組み合わせとそれぞれの程度は多岐にわたります。ここではやむなく次のように分類することにします。

(1) 高齢に伴う障害——高齢に伴う機能不全は、かなりの割合で障害者と共通しますが、なお高齢者の特異点というものもあり、それをくくります。

(2) 情報障害——①視覚障害（全盲・弱視・色弱など）、②聴覚障害（全聾・難聴）

(3) 移動障害——車いす・松葉杖使用者など、移動の困難がある障害です。

(4) 関係性障害——通常の人間関係の維持が困難な障害です。ここでは①知的発達障害、②統合失調症についてのみ触れることにします。

1　高齢に伴う障害

大別すると、認知症（痴呆）の症状のある人と、そうでない人に区別されます。

認知症の症状のある人の場合は、付き添いがいるかいないかなど、そのときの状況にもよりますが、できれば隣に座り、①話しかけること、②見つめること、③何らかの形で接触することの三つを保つことは有益です。

そしてその場にそぐわない言動が始まったときでも、決して発言を否定しないことです。その上で相手の行動をも受け入れながら、こちらの意向に誘導していきます。否定されると相手は不安になり困惑し、異常状態はさらに増幅します。

また、認知症を伴わない高齢者に対しては、簡にして要を得た説明、短いセンテンスの積み上げが有効です。長く複雑なセンテンスは禁物です。

移動に際して、相手の速さに合わせることが、転倒を避けるためにも特に大切です。高齢になると動きが緩慢になるものです。さらに、大型活字の印刷物（大型版『聖書と典礼』など）が有効なことはいうまでもありません。

2 情報障害

a 視覚障害

付き添いがいても、まず本人に話しかけます。点字が読めるかどうか確認し、教会に

『聖書と典礼』、聖歌集などの点字版の用意があれば手渡しします。

白杖をついた人が一人で道路から教会内に入って来たときには、できるだけ早く、ミサに来たのか、他の用事で来たのか、来意を尋ねましょう。ミサに来たことがわかったら、聖堂に案内します。靴を脱ぐ聖堂では下駄箱に案内し、自分で入れてもらい、番号などを知らせます。そして席まで案内します。本人に希望がなければ、前のほうがいいでしょう。そして司式する司祭や典礼委員・役員などにも知らせておきましょう。ミサ中の、立つ・座る・ひざまずくなどの動作は軽く触れれば（ボディトーク）十分です。そのつど、声をかける必要はありません。

聖体拝領のときや聖堂内を移動する際は、相手の肘の上を軽くつかんで誘導します。大型活字の『聖書と典礼』は弱視だけでなく、高齢者にも有効です。

盲導犬（アイメイト）などの身体障害者補助犬は、本人の体の一部です。もちろん一緒に聖堂に入ります。所有者は椅子の下に座らせるなど、まわりの人に配慮した扱いをするはずです。ハーネスをつけている盲導犬は仕事中ですから、子どもたちが不用意に触れたり、いたずらをしたりしないように注意する必要があります。

ミサの後、中庭などで交歓があるわけですが、機会があれば、司祭に引き合わせましょう。そして、本人に知り合いがいれば引き合わせましょう。

帰りは門の外に出て道の縁まで送ります。教会に着いてからも敷地内をぐるぐる歩いているわけですから、自分の現在地はわからないはずです。

b　聴覚障害

外見からは、聴覚障害者であるか否かはわかりません。しかし、少し注意していれば、耳が不自由かもしれないと気づくと思います。中途失聴者の場合には、聞こえないけれど、話すことはできるという人がいることも知っておきましょう。聴覚障害があることがわかったら（中途失聴者の方などで手話ができない場合もありますが）、手話が必要になります。ですから、教会に初歩の手話テキストを用意しておくことはとても有益です。また役員などで簡単な手話ができる人がいることは、大変有益です。

一人でミサに来たことがわかったら、聖堂に案内します。このとき、文字が読めるかどうかを確かめることはその後の関わり合い（情報提供）に大変大切です。文字が読めれば、『聖書と典礼』の文字の必要な個所を指で示すことで、今ミサがどこまで進んでいるかを伝えることができるからです。

また司祭の名前など、特定の情報については、『聖書と典礼』の余白に書きこむなどすれば大変適切です。また手話通訳者の配置だけではなく、要約筆記（話をしている内容について、要点を簡略に書いて表示する）者の手配が大変有効です。

その場合には、二、三名のためにノートなどの紙に要約筆記をするか、ＯＨＰ機器などで、大型のスクリーンを使って大勢の会衆が見えるように表示するか、などの選択が必要になります。

なお、手話通訳者がいても『手話でささげるミサ』（オリエンス宗教研究所）を見ながらミサにあずかることは有益です。

難聴の人と話すときには、大きな声で話すことよりも、ゆっくり、明瞭に話すことが大切です。特に語尾をはっきりさせることが肝要です（高齢者の場合にも有益です）。

3 移動障害

車いす使用者の場合、まず、階段（スロープ）・エレベーター・トイレなど、設備面の問題があります。スロープが形だけできていて、勾配がきつく、実用的でない場合があります。聖堂内の段差と通路幅もバリア（障壁）になることがあります。

また特に留意したいところは、女性車いす使用者が、羞恥心と負担感なしにトイレの利用ができることへの配慮です。ハード面に関するこれらの基礎的な対応が一応できているものとして、ここではソフト面について考えてみます。

この場合には、ミサにあずかる位置（席・スペース）・移動・体力の三点が配慮すべきところです。車いすのままミサにあずかることを望む人もいますし、みんなと同じ席に着きたい人もいます。その場合には座席に座ってもらうための介助が必要です。また聖体拝領のとき、普通には中央通路を前方に進み、拝領後は左右の通路を通るわけですが、そこが狭くて通れないと車いす使用者は中央通路を戻ることになります。その際、拝領に向かう人に逆らって戻るかたちになります。これは当人にとって心理的に大きな負担になります。ですから、最後の方に並ぶことを望む人も出てくるわけです。

体力的に虚弱な車いす使用者は住まいから教会までの往路ですでにかなり疲れています。さらに筋力の弱い人の場合、聖歌集など重い本を持つことが困難な人もいます。本人の求めに応じ、背中のかごから祈りの本など必要なものを取り出す手伝いをします。また、トイレの回数の多い人は出口（トイレ）に近い席を望むことがあります。

電動車いすであるかないかにかかわらず、場合によっては、聖堂内の移動を手伝う人が必要かもしれません。靴を脱いで入るかたちの聖堂に車いすで来たときには、簡単にでもタイヤを掃除しなければなりません。ここでも、まずこちらから話しかけることを心がけましょう。

なお、本人と話すときには、しゃがむようにして、できるだけ相手と同じ目の高さで話すようにします。こちらが立ったままで本人が見上げるようにして話すときはなにがしかの圧迫感があるもので、こちらとして配慮すべきところです。

最近は少なくなりましたが、松葉杖・支柱的な杖を持っている人を介助するためともに移動するときには、階段昇降や着席のときなど、転倒への気配りが特に必要です。また、歩く速さを相手に合わせることが肝要です。

4 関係性障害

ここでは人間関係維持に障害のある人を包括することにします。この類型の詳細は、病因・症状などが複雑で、これを詳述することは困難です。また本書の趣旨からも外れるので、ここでは省きます。次に知的発達障害者と統合失調症者を中心に、ミサに同席する隣人として承知しておくべき点を略述します。

特筆すべきことがあります。このような障害のある人々も、皆ミサが大好きです。これは大事なことで、うれしいことです。このことをきちんと押さえていれば、対応は必ずうまくいきます（何しろミサの中なのですから）。

a　知的発達障害

通常の人間関係は、多くの社会的経験を蓄積した、いわゆる常識を前提にそれを駆使することでお互いの位置関係を確かめ合いながら成り立たせているものです。しかし、知的発達障害の人はそれが困難です。社会的防護壁としての〝知的よろい〟を着ていないのです。したがって、意識とか、精神とか、心といわれる精神機能の表層部分よりもっと奥深い魂といわれる部分がむき出しになっていて、外からのたくさんの刺激をじかに浴びているのです。ですから、この人々にとって生きることはいつも厳しくつらいことなのです。

このことは、逆に言うなら、神と魂の交流の場であるミサでは、この人々は世間的知識（防護のよろい）に害されることなく、まったく伸び伸びと神と関わります。神の息吹は裸の魂にじかに触れているのです。ミサを通して神の愛をむき出しの魂がじかに感じるからこそ、だからこそこの人々はミサが好きなのです。イノセント（無垢）とはこういうことなのかもしれません。この人々のミサへの関わりについて少し例示してみます。

軽い人　司祭の説教に感激し、「きょうのミサ（お説教）はとてもよかった」と言います。

何がよかったのか（内容）と聞くと、「そんなこと、わかんないよ」と平気で答えます。しかし、司祭の信徒への肉迫する思いを彼・彼女はちゃんと受けとめているのです。この場合、話の内容（論理的説明）など関係ないことはご理解いただけると思います。ミサが論理を超えた魂の関わりであるなら、彼・彼女は完全にミサにあずかっています。

少し重い人　例えば、常時何かをたたいて音を出している人がいます。そうすることで、この人は心の安定を保っているのです。そんな人も食事のときには、音は出しません。おとなしく食べます。そしてミサのときにも音を出さずに静かにしているのです。ミサがこの人の魂を安らかにしていることは確かです。

より重度の人　安心して頼れる世話係がいないようなとき、この人々は精神が不安定になり、うろうろ動き回り、じっとしていません。そして何を考えているのか、外からはまったくわかりません。この人たちもミサの席に座れば、おとなしくなることがあります。しかしそれは外側から見れば、ただ、黙々と座っているだけです。すべての社会的な蓄積をはぎ取られ、無垢な状態になっている魂と神とがこのミサを通してどんな交流をしているのか、外側から知るすべはありません。

b　統合失調症

知的発達障害の人の場合は、外部からの刺激が難しすぎて、「わからない」と言うことが特徴でした。これに対し、統合失調症の特徴は最終的には、「孤独」です。そしてこれに至る前段階として精神の「不安」状態があります。この病気の代表的症状は幻聴と妄想です。これに襲われると、まわりの人が自分の悪口を言っているような気がし、それがもとで想像がどこまでも広がります。そしてまわりの人を恐ろしいと思うようになります。ここで不安が生まれ、広がります。この不安から逃れるため、目前の幻聴と妄想への対応に没頭し、これに忙殺され、その結果、外部からの働きかけに応える心のゆとりがまったくなくなります。それは深い井戸の底に吸いこまれるような漠とした孤独です。

さて、関係性障害者の人々に対して個々の具体的な対応についてはほとんど触れてきませんでした。それは一人ひとり、しかも時により対応は異なるのでマニュアルのようなものはなかなか書ききれないのです。ただ場所は、神の家であり、しかもこの人々が喜んでいることは確かな、ミサのど真ん中です。何かが起きたとき、相手を受け入れることを大前提にし、温かく見守っていれば、何が必要か、必ず見えてくるはずです。

異常状態が起きたときは、後ろの席に移動させ、改めて座らせてもよいし、水を一杯飲ませても落ち着かせられるかもしれません。ミサに臨在する神への信頼が、隣に座っている障害者にどう対応したらよいかを必ず教えてくれます。それはキリスト者として逮捕されたとき、「地方法院や会堂で、何をどう言おうかと心配してはならない。必要なことは神がそのときに教えてくれる」という聖書の文言と重なります。

その人たちを含めて、ミサの中で一体化することが、私たちの救いの本質なのではないでしょうか。

第4章　外国籍の信者とともに

1　増え続ける外国籍信者

日本の社会には外国籍の人々が年々増え続けていますが、確実な統計は見つけにくいようです。登録されていない人の数は、流動的で推定しかできません。しかしながら、二百万人をはるかに超えているのは明らかです。登録者数の多い国籍は韓国・朝鮮、中国に続き、ブラジル、フィリピン、ペルーなどです。中でもカトリック信者は多く、この二十年の間、日本にいるカトリック信者は倍になったと言えるでしょう。

この現象の中に、多くの人の希望と夢と勇気あふれる挑戦が存在しています。同時に、いのちに関わるほどの悲劇的な出来事や状態も含まれているのです。日本にいる移住者の生活は極めて難しいと思わざるを得ません。深い孤独、疎外感、戸惑い、ストレスなどは毎日の体験です。働く現場などでは、人権の侵害、不正、非人間的扱い、搾取なども珍しくなく、うつ病になる人が増えていくのは驚くことではありません。そのような状況にいれば、元気な私たちでも落ちこむかショック状態になるでしょう。

異文化にいてその困難さと苦労を体験する人々の中で、自分の信仰を前よりも大事にする人、また、それを再発見する人が少なくないようです。彼らは、喜んで教会に来ますし、日曜日のミサに参加します。「やっぱり私たちを愛して、助けてくださるのは神様だけだ」ということばが自然に聞こえます。その同じ心で、教会を自分の家の広がりと見なしているのです。教会に行けば、日常生活で出会えない歓迎と温かさと理解を期待するのは当たり前だと思います。ある意味では、教会に行くのは「里帰り」のような心の動きなのでしょう。

したがって、外国籍信者がミサに来るときには、義務を果たすためではなく、むしろホームではない国でも行くことのできる、神様からいただいた心のホームに来るのです。ミサにあずかるたびに、子どものときから心に刻まれた愛と信頼のイメージ、神の救いの業《わざ》の記念、共同体に属している喜び、平和を新たに感じ、また、感じることによって希望に生きるエネルギーをもらっているのです。

2　だれもが参加できるミサの環境を

秘跡の体験には、特徴があります。秘跡は、神のあふれる心からの恵みであり、それを行う時間と空間は、自由に恵みをいただく祝いの場です。したがって、それにふさわしい雰囲気や環境について配慮する必要があります。最低限度の準備で「義務を果たす」儀式的な遂行に過ぎないようなミサは、ふさわしいとは言えないでしょう。

その上、秘跡は（教会）共同体の自己表現であり、自己実現であるとも言えます。秘跡を通して共同体は、キリストの名によって、人々の心と人間関係の傷と苦しみや成長の過程、信仰と希望と愛に生きるニーズに応じます。そのため「だれもが参加できるミサの環境」を整えるためには、典礼の準備ばかりが準備なのではありません。典礼よりも、共同体の互いの信頼と受け入れ合い、そして協力の環境を準備することが、まず大切なのです。アットホーム（家庭の温もり）を感じさせる歓迎と付き合い、それからまた、お互いを自由に聴き合って、助け合う共同体的な交わりが決定的に必要です。

このような人間味あふれる付き合いと関心と連帯性がなければ、他の外的または典礼的なくふうは実りをもたらさないと思われます。日曜日のミサの試金石、その説得力と、ある意味でその真理は、共同体の生活の中での外国籍信者との交わりにあるでしょう。

外国籍の信者とともにミサを祝うためには、彼らの現実から示唆を得て、ミサのいくつかの根本的な面も心にとめなければなりません。すなわち、ミサの中にいろいろな祈りがあっても、ミサは祈りだけではありません。むしろ、生活の中で出会う難しい「ドラマ」を有意義に生き抜くために、「儀式的なドラマ」によってキリストの救いの「ドラマ」にあずかるのであり、またそれによって、日常生活の「ドラマ」の意義と体験が変わるのです。

さらに、外国籍の信者にとっては、ミサの式だけではなくて「だれが」それに参加するかがとても大事です。キリストの「現存」は共同体の「共存」の中にも現れることを意識させてくれます。そしてまた、ミサの中で、毎日のようにぶつかっている現実と孤独と問題の上に、みことばの光と、イエスの記念と、聖霊から来る癒しと、心と生き方の変化を少しずつ体験していくのです。これこそ外国籍の信者がミサを祝う環境になるでしょう。

3　文化の違いの意味

多文化的なグループ（信仰共同体）が一緒に典礼を行うとき、目に見える以上の要素が混じってきます。文化が違うということは、ものの見方や考え方や感じ方さえも違うというわけです。文化は歴史的な過程とその中で出会った挑戦と問題に対応することによって、また教育と生活にはぐくまれて出来上ったシステムです。そのシステムは人の体と感覚と心の奥まで染みこんでいます。

最近日本にやって来る信者が生まれ育った国にキリスト教が入ったとき（十六―十七世紀）には、ヨーロッパのカトリック教会は大分庶民的でした。宣教師たちはフィリピンや南米に行き、自然に、庶民的な宗教心と表現とで礼拝を広げて人々の生活の中に典礼とさまざまな信心とわかりやすい教えを伝えました（その中でどのような間違いがあったかということはここでは批評しません）。人々は生活の現実や悩み、喜びなどをキリスト教的に表現できましたし、日々のつらさを耐え、健康を望み、大自然や戦争から来る悲劇に耐えられる力を、信心や典礼、宗教的な祭りから得ることができたのです。

一方、現代日本の（第二の）宣教開始は十九世紀の終わりにありました。その時代にはヨーロッパの信仰のムードと教会の表現は相当変わっていました。その上に、日本に宣教した人たちは鎖国時代から抜け出たばかりの日本の文化に出会ったのです。その出会いは十六―十七世紀の「南の国」との出会いとまったく違っていました。祈り方と礼拝の雰囲気と共同体づくりの過程は特別でしたし、「南の国」にはなかった儒教と仏教の影響が強かったのです。

したがって、ミサと教会の中での礼拝に対して各グループの期待は異なります。日本人は沈黙と落ち着き、荘厳、秩序を期待するのに対して、他の（外国の）人々は心の余裕と気楽な交わり、共同体的な温かさ、ゆるしと支えの喜びを期待するのです。言うまでもなく、この多様な交わりによって共同体全体が豊かになる可能性が大きいのですが、同時に、誤解と裁き合いと不信が生まれる可能性も含まれていると言えるでしょう。

このような文化的な違いは大きいため、短い期間での論理的な説明や善意の努力だけでは、乗り越えられないことがあると予想できるのです。ここから日曜日のミサのチャレンジが始まります。

4　ミサを計画する際に

日曜日のミサなどを考え、計画を立てるときには、まだ考えるべき大事な点が四つあります。簡単に思い起こしてみましょう。

1　心の流れ（フロー）

文化人類学者は「フロー」（心の流れ）という体験について語っています。この体験は、主にスポーツ、ゲーム、芸術、宗教的行事のときに可能になります。その中で、人は行動と意識の間に分裂がなく、ある意味で、自分自身を体験の中に失ってしまうと言っています。このような体験は深い喜びの経験となります。学者は、これを典礼から期待できると指摘しています。典礼の歴史にはこのような体験が大きな位置を占めましたし、場合によって回心と悟りと解放の時にもなったのです。

この「フロー」が可能となるためにいくつかの条件があります。

(1)　緊張のない、参加しやすいものであり、式の流れがだいたい決まっていること

(2) 典礼の各段階の間のつながりがスムーズに行われること
(3) 典礼のメッセージと記念が深く心に入り、人を変えるために助けとなるふさわしい表現であること
(4) 参加する人の中にある「否定的な要素、恐れ、傾き」などに対しては、希望をもたらす創造的なエネルギーに変わる方針が与えられること

これらを生かすために、典礼と共同体のセンスと注意深い準備が必要なのです。「フロー」の観点から考えれば、十分な準備なしに、多文化的なミサの祝いを進めることは「心の流れる体験」を大いに妨げることがあるからです。簡単な解決はないのですが、一方では、ミサに参加する信者は皆キリストと一致した同じ心を持っており、他方では、各グループには、ニーズと感覚と目的が違うことがあり、一つの共同体になるまでに違った手段と過程と助けがいると言えます。仮に結論を言えるとするならば、一時的にいろいろな試みを実現しても、共同体の中の違ったグループの内的な歩みを敏感に見つめなければならないということでしょう。

2 ドラマ

ミサは、祈りの集いでもなければ、個人の黙想の機会でもありません。むしろ、ミサにおいて信じる共同体は、キリストを記念するとともに自分のアイデンティティを表現し、それによって生活と自分自身の変化を祝うのです。根本的には儀式的ドラマ（Ritual Drama）なのです。この儀式の中でキリストの生涯のドラマを表し（記念）、自分（日常生活）のドラマが結びつけられます。こうして主のみことばと聖霊の導きは私たちの存在と生き方を変えていくのです。

すべてのドラマと同じように、ミサには、舞台（Stage）があって、筋道（Plan, Sequence）もあります。役割（Roles）もあれば、具体的な行動（Action）もあります。すべては頂点、目的（Goal）に導くものです。また、ドラマにふさわしい表現と手段（Modes of Expression）が用いられます。

これらを意識すれば、ミサを準備するのも具体的になるはずです。司祭だけではなく、典礼奉仕者のチーム（委員会・研究会）は大きな役割を果たせるでしょう。準備する必要があるのは、説教（司祭）と歌だけではなく、ミサ全体なのです。外国籍の信者が、その点を深めることができるよう、各段階を意識的に生かしていく必要があります。

3　ミサの流れ

ミサの始めに、共同体の現実を表すのはよいことです。最近出会った問題、悩み、心配、喜びなど。

「ことばの典礼」に関しては、三つの課題があります。

(1)　準備された資料と読み方などによって、みことばが確実に人の耳と心に入って日常に生きるものになること。

(2)　キリストの世界に入り、それによって自分の世界が変わり、広がっていくように導くこと。

(3)　その中心的なポイントを、ミサ全体の中で有意義に表現し、生かすこと。

「感謝の典礼」では、キリストの世界を仰いでから、死と復活の記念によってキリストの心に入るように招待されます。聖パウロがフィリピの信者に望んだ変化はこの段階の実りでしょう。すなわち、「イエス・キリストの心にあった感じを自分の心に持ちなさい」(フィリピ2・5参照)。

和解と平和はキリストの歩みの実りであり、その喜びを味わう段階です。両方の恵みは滞日外国人にはもっとも必要です。めったにゆるしの秘跡にあずかれない外国籍の信者にとってミサのこの段階は極めて大事です。

交わりの儀（聖体拝領）はミサの頂点であり、目的です。

祝福と派遣をとおしてミサで体験した心の変化とキリストとの交わりは社会の中での使命に変わります。この部分をもっとはっきりさせる必要があります。外国籍の信者にとっては、日本社会に対しても使命と役割があるという自覚は、誇りをもって生きることができるために必要な要素です。いただいた恵みがミッションになることはキリスト教の伝統であり、秘跡の本質と構造に深く根ざした要素でもあるからです。

4　生活とのつながり

典礼によって生活のドラマと救いのドラマが一つになって、またそこから難しい状況の中で希望を持って生きる光と力を得るならば、日常生活との関係をはっきりする必要があります。「人の生活がミサの中に入らなければ、ミサとその奥義は人の世界に入っていかない。そしてまた主の光を照らさないであろう」と、有名なドミニコ会の神学者コンガール師が書いています。

外国籍の信者の場合にはこれが特に考えるべきポイントです。多くの外国籍の信者にとっては、孤独や難しさの中で生きる意味を感じて、その困難を乗り越えて積極的に人間らしく生きるために、日曜日のミサのほかに、心の支えや導きとなる場と可能性はないのです。

信者の生活とミサの具体的なつながりは、前述のミサの六つの段階で行われます。

5　祝いと祭り

最後に、現代教会の認識では、秘跡の中でも特にミサは「儀式」「決まり」「パーフォーマンス」「義務」だけではないと捉えられます。ミサは「祝い」であることが大事とされています。すなわち、秘跡の中で神の恵みを祈り、記念し、実現するだけではなく、いつも神から与えられる秘跡を超える恵みを祝うのです。大げさな振る舞いをしなくても、日曜日のミサに「祭り」の要素が生かされればよいと思われます。

日本に来る外国籍の信者の母国では、祝いや祭りは大切な生活の支えであり、家庭と共同体の基本的な要素です。だからこそ、外国籍の信者の典礼と集いには、喜びと人間同士の間の温かさと、心で感じて体で表現できる、なじみやすい歌が目立ちます。

このような典礼を創造するために、外国籍の信者の想像力と積極的参加を招かなければなりません。そのためには、彼らに可能性と自由を惜しみなく贈る必要があるのです。

5　ミサの実践と可能性

具体的に今まで紹介した点を、小教区レベルで実現するときの可能性を挙げます。

1　日本人の信者と外国籍の信者とが一緒にささげるミサ

この選択において私たち皆は、同じ一つのキリストの体であり、同じ信仰、同じ霊に生かされていることを表します。その中にまた選択の余地があります。

a　各ミサにいろいろな言語を導入する

このやり方のメリットは、共同体の一致が毎回見えるようになることです。他の条件が満たされれば共同体づくりのためになります。デメリットは、「フロー」（心の流れ）が難しくなり、ことばが変わるたびごとに心の流れと感情のスムーズな発展が妨げられることです。このような典礼は普通より注意深く準備しなければまとまりにくくなります。年に一回か（インターナショナル・デーなどで）何回か、特別な祝いとしてそのような典礼を行うのは可能かもしれません。そのときには、本当の祭りのムードが盛り上がるので、別なレベルのフローの体験が可能です。しかし、普通の日曜日にはこれだけの準備をするのは極めて難しいことでしょう。

b　ほかにいくつかの変化を加える

このような困難を乗り越えるためにいくつかのくふうが考えられます。例えば、ことばを可能な限り少なくする、ことばよりもジェスチャー、動き、ドラマ的要素を生かす、歌と音楽と沈黙の時を増やす（歌がよければ人は外国語でも喜んで歌う）など。

c　ときどき、外国語でミサをささげる

皆が同じことばでミサをささげる場合には、一致の表現と共同体づくりの面と「フロー」の体験の点においてよいと思われます。ことばの理解の不足は、翻訳された資料の準備によって補われます。同時に典礼が一致していれば、自分と違ったグループの典礼のムードと表現の豊かさに敏感になるメリットもあります。このような典礼のときには、お互いの深い理解が芽生えるよう、細心の準備が必要条件です。

2　言語別の各グループのためにささげるミサ

この選択は、一般的になってきました。これを評価するために、外国籍の信者の状況を新たに見る必要があります。彼らが日本に来て、日本の社会の中で落ち着いて居心地よく感じるまで時間がかかります。そのときに、三つの段階が見られます。

a　第一世代の滞日外国人の場合

このような人々は、まだ日本が自分のホームになるかはわかりません。一方で、日本に来ることによって文化的混乱、心の戸惑い、共同体関係と自分自身のアイデンティティと生き方について悩んでいるのです。多くの場合には、自分の信仰を新たに発見して、それをもっと生きたものにする時期となります。

換言すれば、その時期は心に響くことば、イメージ、祈り方、シンボル、感情などと出会います。そのときこそ、全然わからないことばでミサにあずかると、孤独感も深くなる恐れがあるのです。司牧的に考えれば、この段階にいる外国籍の信者には自分のことば、あるいは少なくとも自分が通じることばでミサをささげたほうがよさそうに見えます。

b　定住への意識の変化

時間がたつにつれ、日本で結婚して、日本に落ち着いて残ると決断するとその信者の意識とニーズが変わります。その人々には前述の他の可能性がもっと適切かと思われます。

c　第二世代の登場

同時に、もう外国籍の信者の第二世代が登場します。ミサには第二世代にあたる赤ちゃんから高校生・大学生までが来ますし、彼らのニーズは親のニーズとはだいぶ違います。したがって、司牧的な対応もまた変わってこなくてはなりません。ミサに関しては、日本人の子どもと同じようなプログラムが必要と感じられます。

日本の教会は歴史の曲り角におかれています。日本社会は盛んに「国際化」を唱えながらも、国際的になり切れない後ろめたさを感じています。教会は生活においても信仰の中心的な表現であるミサにおいても、社会全体に福音的なメッセージを伝える大事な時に至っています。創造的に、外国籍の信者とともにミサと信仰に支えられて交わる証しは、何よりも教会の本質を日本において現すこととなるでしょう。

第5章　子どもたちとともに

司祭が食べる大きいパンを一度食べてみたいと思ったことはありませんか。幼児洗礼の私にとって、ミサについての最初の記憶と言えば「神父様が食べている大きいパンが食べたい！」ということではなかったかと思います。三、四歳の子どもにとってミサのなんたるかがわかるはずもありません。しかし、幼い心にこのパンのイメージはくっきりと残るようです。かっこよく両手で掲げられたあの大きいパンを持つ司祭にあこがれて、神父様になりたいと思う少年少女がなんと多いことか！

典礼には、赤ちゃんからお年寄りまでをキリストへ引きつけるさまざまな要素があるようです。しかし、初聖体以降の私の記憶の中で、ミサは両親からげんこつをもらわないで行儀よく過ごす修行の場であったように思います。ミサと聞くと逃げ出してしまうミサ・アレルギーの子どもたちがたくさんいます。子どもたちにとって、典礼の参加が必ずしも信仰の育成と結びついていないのはとても残念なことです。ミサにたくさん参加すると、もっともっとイエス様が好きになる。そんなミサはできないのでしょうか。そこで典礼、特にミサにおける子どもたちの信仰教育について大胆かつ柔軟に考えてみたいと思います。

1　典礼はおとなのために作られている

そもそも、ミサはおとなの理解を基本に作られているもので、そのことばやしるしは、子どもの知能に十分適応しているとはいえません（『子どもとともにささげるミサの指針』2項*、以下『指針』）。祭儀というものは他の宗教においても意味深長なもので、動作やシンボルの中に隠された意味を理解していくことによって、祭儀が最も伝えたい本質へと導かれていくものです。ミサも同様に、長い歴史の中で複雑に組まれた祭儀であり、おとなでもその深さと豊かさを再発見していく必要があります。

そして何よりもミサを理解するためには、キリストとの人格的交わりの体験が必要です。ミサの中でキリストとの再会がなかったら、単なる信心業で終わってしまうからです。

しかし、司祭でありながら時としてミサを形式的に行ってしまうのは、その本質をまだ十分に極めていないからでしょう。反省の限りです。また、ミサをともにささげているおとなたちの中にもあくびをして退屈そうにしている人がたくさんいます。それなのに、子どもたちがミサの中で騒いだり、退屈な顔をしたりしていると目くじらを立ててしまうのはどうしてでしょう。

幼児洗礼のおとななら、ミサは子どもたちにとって難しいものであるということをだれもが体験し感じているはずです。しかし、おとなになった途端にあたかもミサを理解したかのように振る舞ってしまいます。また、神聖な場ということを強調するあまり、怒りと嘆きの場に変貌させているのではないでしょうか。そこで、子どもたちをおとなの祭儀にあずからせこれを理解させようと急がないことも重要である（『チルドレン・オブ・ザ・プロミス（ティーチャーズ・ハンドブック）』）ことを述べておきましょう。おとなのスポーツを無理に子どもにさせても、体をこわすだけなのと同様です。

典礼に関して、常にすべてが子どもにとって理解できるものでなければならないと期待することはできません。しかし、子どもが、教会の中で長い年月の間、ほとんど理解できないことを繰り返し経験し続けるとするなら、霊的損失をこうむるおそれがあります（『指針』2項）。ちゃんとできないからただ叱るだけでなく、もっと子どもの次元に合わせた質と量によって、楽しくミサを理解させることが必要です。

＊『**子どもとともにささげるミサの指針**』**2項**　教会で子どもを教育する際に生じる特別な困難は、典礼祭儀、とくに感謝の祭儀が、本来の教育的効力を子どもに対して十分に発揮することができないことである。今はミサの中で母国語の使用が許されてはいるが、そのことばやしるしは、子どもの知能に十分適応しているとはいえない。たしかに、日常生活の中で、子どもは成人と体験をともにしていることがらのすべてを必ずしも理解しているわけではないが、だからといって退屈してしまうわけではない。したがって、典礼に関しても、つねにすべてが子どもにとって理解できるものでなければならないと期待することはできない。けれども、子どもが、教会の中で長い年月の間、ほとんど理解できないことを繰り返し経験し続けるとするなら、霊的損失をこうむるおそれがある。現代心理学が立証していることであるが、幼児期および第一児童期における宗教体験は、この年代の子どもの独特の宗教的能力によって、その人格形成に深い影響を与えるからである。

2　子どもの発達段階に応じたくふう

スポーツの世界では特に、学校教育においても科学的な知識を取り入れてより大きな成果を上げています。典礼に科学を、と言うとちょっと変ですが、もっと子どもの学力や成長に応じた典礼を考えることが必要です。二〇〇三年に改訂された「子どもとともにささげるミサ」は、子どもたちによりわかりやすいミサとなることでしょう。

しかし、子どもたちがもっとキリストと一緒にいることを感じさせる、大胆な典礼文の作成はできないのでしょうか。また、聖歌や聖書の朗読も幼児が踊るような、あるいは紙芝居のように、子どもたちが目をくりくりさせて聞き入るようなものを作ることはできないのでしょうか。この点についてのさらなるアプローチが必要です。

現実的に考えると、ここには典礼法規があり、教皇庁の認可が必要で、子どもといっても幼児から小学生・中学生とその幅は広く、典礼の現場で子どもたちみながわくわくするようなミサを実現するのには限界があります。だからこそ、理想と現実の中でその手腕が問われるわけです。

そこで重要となるのが、カテケージス（要理教育）との連携です。しかも、おとなたちの典礼にちゃんと参加できるよう、ミサとは何かを理解し覚えるという従来型の教育ではなく、もっと子どもの学力や成長に応じた質と量に基づいて、典礼についての信仰教育を行い、典礼の現場で解説を加え、学んだことを思い起こさせることによって、典礼の理解を深めていくということです。それは、ミサ全体を理解させるのでなく、各年齢に応じて部分的に理解させるものでよいでしょう。わからないながら耐えるミサから、部分的でもそれぞれにモチベーションがあり、少なくともそのことを通して子どもたちがキリストと結びつくミサにしていくことが大切です。

子どもの発達段階を知る手がかりとしては、米国のグリーン・ベイ・プランの中の『発達段階一覧表』は、一つの目安となります。また、イングランドの信仰教育の教科書として用いられている『チルドレン・オブ・ザ・プロミス』は、大いに参考になります。

これは、「子どもたちがミサのそれぞれの部分を少しずつ祝い、学んでいくことを恐れてはいけません」という文言からもわかるように、従来型の典礼の学習からミサを年齢の発達段階に応じて大胆に分割し、その部分にスポットを当てて子どもたちに理解させようとするものです。

紙面の関係上、その全部を掲載することはできませんが、各学年の年間の課題一覧表を掲載しておきましょう。

学年ごとの年間課題一覧表

1年生	集まり	歓迎の祝い
2年生	みことば	私たちに語りかける神様のことばを聞く
3年生	和　解	謝ることによって互いの愛を示す
4年生	奉　献	私たちに与えられた神様の贈り物を皆で分かち合う
5年生	パンを裂くこと	いけにえの食卓を囲んで、愛の分かち合いを祝う
6年生	感　謝	「ありがとう」ということを祝う

子どもの発達段階に応じて、感謝の祭儀の中に含まれている人間的価値（人間らしい良さ）を体験させることについては、『指針』9項でも、「それらは共同体としての行動、あいさつ、聞く能力、ゆるしを求めまたそれを与える能力、感謝の表現、象徴的行為の体験、友人との会食、楽しい祭典などである」といわれています。これらを年齢に応じたカテケージス（要理教育）で学ぶことによって、ミサの意味するところを、子どもたちは子どもたちなりに学んでいくことができるのではないでしょうか。

たとえば、1年生では、「集まり」と「歓迎」の儀式を体験していきます。教室の中心的位置に聖書が置かれ、集まるごとに装飾が施され、子どもたちにこの本が特別なものであることを意識させます。さらに、この本には、世界一すばらしいお話、神様が私たち一人ひとりをどれほど愛しておられるかというお話が書かれていることが伝えられ、週交代で係が楽器などでみんなを集め、聖書を中心としたこの集いが、神様から愛されている喜びを伝える大切な集いであることを学んでいきます。

3　典礼における信仰教育

典礼についての発達段階に応じたカテケージス（要理教育）は、信徒の教会離れ、ミサ参加者の著しい減少がみられる現状において、早急に準備しなければならない課題です。親も子も来なくなった教会で、親の再教育が叫ばれがちですが、染みついた色を変えるのは難しいものです。原点に帰り、楽しいことに素直に反応しやすい子どもたちから構築していくとき、親やおとなもそのすばらしさを体験していくのではないでしょうか。

とはいえ、クラブ活動や塾で教会学校の出席もままならない教会で、カテケージスによってミサのすばらしさを深めていくには、長い時間と労力、そして忍耐が必要です。そこで、もう少し即効性のある、ミサの現場で子どもたち全体に対して注意しておかなければならないいくつかの点を上げておきたいと思います。

1　キリスト中心

典礼とは「イエス・キリストの神秘体、すなわちその頭《かしら》と部分によって、完全な公的礼拝が果たされる」（『典礼憲章』7項）、その中心は言うまでもなくイエス・キリストです。したがって、子どもたちは典礼にあずかることによってキリストと出会い、キリストと交わり、キリストの恵みを受けて三位一体の神と深く結ばれるものとならなければなりません。どんなにたくさんのことを理解させようとしてもこの中心がぼけていたのではほとんど意味がなくなってしまいます。典礼に子どもたちが参加するとき最も配慮しなければならない点です。教会学校のカテケージスでもこの点を常に意識していなければなりません。

2　共同体性

典礼は共同体で行う礼拝ですので、共同体全体が生き生きとしたものになるよう努めていなければなりません。祭壇から半径五メートルは危険地帯であるかのように後ろの席に集中して座っている共同体。オルガンが鳴っても歌声が響かない共同体。聖書朗読も共同祈願もいつも同じ人が行っている共同体。これでは、子どもたちの中にともにささげるという意識は生まれてきません。典礼はその本質から見て、共同体全体で行うものであって（『ローマ・ミサ典礼書の総則』第三章参照）、一部の人に限定されるものではありません。したがって、早い時期からこうしたことに慣れておくことは大切です。一年生からミサの中でできる役割を分担させ、それぞれに責任を持って参加させることは、キリストへの奉仕を学ぶとともに教会共同体（家族）の一員であることを意識させるでしょう。この意識は将来においても生かされていくことでしょう。また、おとなたちもそのことを意識してミサをともにささげなければなりません。

3　みことばの重要性

案外おろそかにされがちなのが、ことばの典礼です。みことばは聞くことをとおしてキリストを味わうことのできる大切なミサの要素ですが、ミサの中では子どもへの配慮がほとんどなされていません。もっと、子どもの理解に応じて、神のことばに重要な位置を与えるようにすることが必要です（『指針』14項）。なぜなら、典礼とミサに関する教育すべてがつねに目指さなければならないことは、子どもが日々の生活の中で、ますます福音にこたえるものになることだからです（同15項）。子どもたちが少しでも理解できるよう、解説を加えたり、説教に子ども用のメッセージを加えたり、場合によっては別室で、カテキスタなどが子ども用にお話をしたりすることも必要でしょう。

4　ことばとシンボル

教育においてことばとシンボルは大きな領域を占めます。そのグループにとってふさわしいことばを使っているか、その年代のグループにとって意味と関わりがあるシンボルを使っているか、絶えず問いかけなければなりません。難しいことはできるだけ避け、子どもに印象を残すよう働きかけることが大切です。また、ミサの前後に発達段階に応じて簡単な予習・復習ができるとよいでしょう。

5　派　遣

最後に、ミサは派遣で終わります。ことばだけでなく、真にキリストから派遣されることを子どもたちなりに意識させるためには、おとなたちが派遣された者として生きることが必要です。ミサから帰ったとたんに夫婦げんかを始めるなど、派遣された者として積極的に、あるいは近所に対しても奉仕する態度がなかったら、どれだけすばらしいことを学び、ミサの中で生かされたとしても、彼ら自身も人々に奉仕する者となっていくことはできないでしょう。最後はやはり家族、特に保護者の生き方が大切になってきます。

6 祈り

さらに、体験したことがミサだけで終わってしまうと日々の生活で生かされる信仰とはなりません。子どもたちは繰り返しが必要です。生活の中でミサをフィードバックさせることによって真にキリストに生きるものとなるのです。そのためには、日々の生活での祈りが大切です。子どもが幼いときから祈る習慣を身に着け、ときには、望むならば家族と一緒にミサに参加していれば、典礼的共同体の中で容易に歌ったり祈ったりし始め、また、聖体の神秘をいくらか感じ取るようになるでしょう（『指針』10項）。

4　主の食卓を囲む喜びを

1　食卓を囲む重要性（初聖体）

「食事の絵を描いてください」と言われたら、あなたはどんな絵を描きますか。私だったら、特注特大のテーブルをのせたこたつを囲んで家族みんなで食事をしている幼い頃の風景を描くことでしょう。なぜ大きなテーブルかというと、子どもが七人もいたからです。私はいちばんのごちそうの前、父親のところにだけ刺身が。楽しい雰囲気です。

ところが、ある心理学関係の雑誌に興味深い記事を見つけました。現代の家庭内の問題を抱えている子どもに食事の絵を描かせると、ひとりぼっちでテレビと食事をしていたり、コンビニの弁当だったり、子どもが描く食事の絵にその子の家庭の縮図を見ることができるそうです。食事・テレビ・弁当というと私もどきっとしました。なぜなら、今の私の食事の風景だからです。こんな食事をしている司祭が食卓を囲む喜びの話をしても理想論に過ぎないのかもしれませんが、食卓を囲むことは、人間にとって非常に重要なことだと思います。なぜキリストは遺言とも言える場面を食事の席にしたのでしょうか。

『聖書思想事典』（三省堂）の「食事」の項目によると、「食卓をともにするということは、会食者間にともに生きる交わりの雰囲気をつくりだす」ことであり、「イエスは、自分の再臨を待つ時代のために、自分の血によって結ばれる新しい契約の宴を……彼が日常弟子たちとともにとっていた食事の続きとして開く」とあります。つまり、食卓を囲む場が、人間同士の愛の交わりの場であり、愛の伝達の場だったからだと思います。

前出の雑誌にも、「人が互いに交流を深めようとするとき、共に、『食べ、語る』のであり、食事をするとき、たとえそこに食卓があってもなくても家族全員が集まって食べ物を囲み、各人の食欲を満たし、エネルギーを補給しあい、同時にそれぞれがなんとなく安堵感や家族への帰属感を養い、責任感や譲り合いの気持ちを培い、暗黙のうちに家族の愛情を確認し合ったのである」とあります（青木義子「食事と家族」『こころの科学』85号〈特別企画・現代の家族〉29ページ、日本評論社、一九九九年）。

さて、今の子どもたちにとって「食卓を囲むこと」は「喜び」なのでしょうか。ミサの喜びを伝えるためには、家庭での食卓の喜びから始めなければならないのかもしれません。

そこで、私の教会では、ミサを「みことばの食事会」と「聖体の食事会」と表現し、この食事会を楽しむことを基本としています。ミサはあくまでも非日常的な祭儀なので、これを日常とつなげることが重要です。「みことばの食事会」が神の喜びをもたらすものとなるためには、みことばの理解が必要ですが、今のところ子どもたちにとっては、教会学校でのカテケージス（要理教育）をとおしての交わりと、長くならない子ども向けの説教が行われる程度です。解説を加えるとミサが長くなるので思案中ですが、毎週一時間の教会学校のあとミサをともにささげ、子ども向けの説教を行っています。もう少しのくふうが必要です。

今は、親をはじめ教会共同体全体に向けてみことばを味わい生きる「みことばの食事会」の訓練中です。いわゆるＡＳＩＰＡ*の七ステップを取り入れた地区での分かち合いを行うことによって、交わりを通してのみことばの理解を深めるようにしています。案外、カトリック信者は聖書を味わうことを知りません。交わりを通して、みことばの中に生きているキリストを感じ、神の恵みである喜びを見いだして生活に生かすことができるようになれば、共同体や家庭の中でもみことばがもっと生かされるでしょう。

＊ＡＳＩＰＡ（ASian Integral Pastoral Approach）従来のような教義に基づいた秘跡中心の信仰のあり方から、みことばによってキリストと出会い、キリストを生きる信仰のあり方への転換を図

る。地区集会などで信徒一人ひとりがキリストと出会う主体となって聖書を読み、互いに分かち合いながらキリストによって生かされ、キリストを生きる者となるように促されていくプログラム。アフリカで始まった「聖書の司牧的活用法」ともいうべき「七ステップ」がベース。一九九〇年にアジア司教協議会連盟（ＦＡＢＣ）が第五回総会（インドネシア・バンドン）で、アジアの教会の新しいあり方を模索し、「参加する教会」「共同体の交わり」「復活のキリストをあかしする教会」であると宣言した際に生まれた。

一方、「聖体の食事会」が神の喜びをもたらすものとなるためには、家庭での食事が主とも交わる愛の伝達の場とならなければなりません。そこで、初聖体を一つのきっかけとして、家庭の中で次のことを実行するようにしています。それは、神に対する感謝の食前の祈りを唱えるということです。驚くことに、「いただきます」のことばもなく食事を始める子が増えています。食事が「ありがたいもの」でなくなっているのでしょう。食事が神と関係することを伝えるためには幼い頃からの保護者の努力が必要です。

また、共働きに加え塾通いが多い時代にあって、みんなで一緒に食事をするという機会が少なくなっています。そこで、意識して家族みんなで食事をする機会を作るということです。それを「家族のミサ」とします。できれば、週に一回、少なくとも月に一回。テレビを消し、その特別の食事会を主とともに交わる食事として会話を楽しむように心がけるということです。

こうした家庭での体験とミサをさらに結びつけるため、私の教会では月に一回、主日のミサを「家族ミサの日」としています。この日は、子どもたちも親の近くでミサをともにささげ、一緒に祈り、説教では家族や共同体の一致を加え、平和の挨拶では家族同士や隣の人と握手をするようにしています。このときはかなり和やかな雰囲気になります。

初聖体の準備では、感謝の祭儀に関する信仰の真理を教えるだけでなく、今後は、自分なりに回心によって準備し、キリストのからだに完全に接ぎ木されて神の民とともに感謝の祭儀に行動的に参加し、主の食卓と兄弟の交わりに加わることができるよう教えなければなりません（『指針』12項）。ミサをともにささげ、同じ聖体をいただくことが大きな喜びであると感じるためには、日常の生活の中で子どもだけでなく、家族みんなの努力が必要です。そのため、初聖体の準備では、保護者との霊的関わりを大切にしています。

初聖体の日には、主とともに食卓を囲む喜びを記憶の中にとどめるために、感謝の典礼が始まると初聖体を受ける子どもたちは、共同司式司祭のように祭壇を囲み、初めての聖体として大きいパンを半分（小さな口に一枚だと大変な事態になります）与えるようにしています。

2　おとなとともにささげるミサと子ども主体のミサ

子どもミサになるとおとなの人も説教がよくわかるそうです。案外おとな向けのミサもおとなにとって難しいのかもしれません。だからといって子ども中心のミサにたくさんのおとなが集まり、主日のミサが閑散としていたのでは、ミサ本来の意味が失われてしまいます。子ども中心のミサは、基本的には教会共同体が一つの家族としてともに集うミサへ招くものと考えるべきでしょう。このような視点が確かであれば大胆な試みも子どもたちに有効に働きます。

また、おとなが子どもとともにささげるミサの場合、しばしば、おとなは子どもから離れたところにいるか、監視役になったり、少ないおとなが働いて子どもがお客さんになったりしています。子どもと一緒に騒いでもらっては困りますが、子どもの中に入り、一緒に祈り、歌い、雰囲気を盛り上げてやれるといいでしょう。

子ども中心のミサの場合、特に子どもたちに責任を持たせ、役割を分担し、あずかるミサからともにささげるミサへ移行していくことが大切です。また、共同体性を持たせる絶好の機会です。司式司祭の代わりはできないにしてもほとんどの部分で、子どもたちに役割を持たせることができます。祭壇の準備からオルガン弾き、低学年の祈りや歌の指導といったところまで責任を持たせると、やりすぎるくらいの行動をとるでしょう。

ここでも、子どもの発達段階への考慮は大切です。一年生に朗読をさせてもミサが二倍の時間になってしまいます。たとえば私の教会では、一年生に対しては、大きな声で祈り歌う役割を持たせています。ただ、最近は一年生入学時で十字も切れない、祈りのことばを知らない子が多いので、初めはできるだけおとな（できれば保護者）が寄り添って指導することが必要です。ある程度の時期からは六年生にその役を任せるのもよいでしょう。三・四年生は、もっと特別なことに興味を示すので、祭壇の準備や侍者、聖歌の先唱をその主な役割にしています。奉納や共同祈願の一部を任せることもあります。五・六年生は大きな責任を持たせるのに絶好の学年です。特に朗読や祈りの先唱、共同祈願は、事前に指導すればおとなより上手に行います。侍者の長として下級生を導くなど、下級生がよりよくミサに参加できるようコーチさせるときもあります。

会衆が子どもだけでささげるミサはそうたくさんありませんが、もっと大胆に、場所を変えるなど、聖堂の真ん中に祭壇を特設し、最後の晩餐の雰囲気を出すために人数に応じてグループを作り、十二使徒の名前を付けて、祭壇を囲むようにします。各グループにはそれぞれ役割を持たせ、ミサをともにささげるようにします。特に、朗読は子ども用聖書を使うか、解説を加えるなどし、聖歌は子どもたちが好きなもの、あるいは学校で学んだ歌を選び、奉納はその意味を伝えて事前に準備させ、大きいパンを使って分かち合うと子どもたちも喜びます。ただ、御血の拝領はおいしくないといってあまり喜びませんので、聖体にほんの少しだけ浸す程度がよいようです。また、「イスカリオテ（ユダ）組」には特別の説明が必要になります。

3　泣き部屋・幼児用スペースをめぐって

自己陶酔して説教しているとき、水を差すように泣き出す赤ちゃんにはほとほと参ってしまいます。説教の時間、幼子は隔離され退出したほうがよいのでしょうか。司祭の意見はさまざまです。ただ、聖書には次のようにあります。

「イエスに触れていただくために、人々は乳飲み子までも連れて来た。弟子たちは、これを見て叱った。しかし、イエスは乳飲み子たちを呼び寄せて言われた。『子供たちを私のところに来させなさい。妨げてはならない。神の国はこのような者たちのものである。はっきり言っておく。子供のように神の国を受け入れる人でなければ、決してそこに入ることはできない。』」（ルカ18・15―17）。

幼児を連れて来て、イエスの周辺は騒然となったのでしょう。弟子たちは、イエスの話を聞くために集まっている人々にとって幼児の泣き声は妨げになると判断したようです。ところがイエスは、弟子たちを叱って幼児を呼び寄せるのです。

この出来事をミサの時間に置き換えていいのかわかりませんが、イエスの視点はいつも弱い立場の人であるということを考えるときに、彼らを除外したよりよい集まりであるよりも、彼らを受け入れてどうあるべきかを考える教会のほうが、よりキリストの教会らしいといえるのではないでしょうか。

神学生時代の司牧実習に通っていた教会に、障害をもった子が来ていました。ミサ中、突然奇声を放ち、ときには暴れ、隣の子にちょっかいを出し、その子がやってくると大変な状況になりました。あるとき、すばらしい説教に多くの人が耳を傾けていたところ彼の奇声が始まりました。その主任司祭は説教台を降りて彼のもとへ近づき、なんと、手を取って一緒に奇声を上げ始めました。彼は司祭と一緒に奇声を上げながら何ともいえないうれしい表情をしました。説教は中断しましたが、説教以上に主のメッセージを伝えるミサとなったようです。司祭のこの子に対する愛の奉仕から、この奇声が多くの人にとって彼の主への賛美であると感じたからです。

幼児の部屋や場所を設けることは大切です。幼児は長い時間同じ状態でいることは難しいからです。しかし、それがあまりにも隔離されたものとなっては、幼児の賛美が届きません。泣き叫ばなくとも私たちは誰も主の前に立つことのできない罪人です。その私がミサの席にいるのですから、彼らを受け入れるべきでしょう。彼らの弱さを受け入れるとき、それは恵みとなるのではないでしょうか。幼児は叫びや泣き声を通して主を賛美しているのでしょう。ここでの体験は、「ミサは楽しいところ」というイメージを与えるでしょう。

とはいえ、子どもたちを野放しにしていいというのではありません。そこには、節度をもった保護者の存在が必要です。大切なことを伝えようとする保護者の意向がなかったら、幼児は遊技場に来たのと勘違いしてしまいます。幼児の機嫌に合わせて、手を合わせたり、お辞儀をさせたり、静かにさせたりといったことも必要です。極端に機嫌が悪いときには、別の場所へ連れて行くことも必要でしょう。良識のある場所にしないといつの間にか、大きい幼児が集まってミサと関係のない交わりの場になったりします。

せっかく設けた幼児の空間の雰囲気づくりについては、保護者だけでなく全体に対しても必要です。大変なことではありますが、ここにも、子どもたちにミサのすばらしさを学ばせたいという教会全体の意向がなければなりません。

5　侍者養成のポイント

頭がいい子はいつもカテキスタから褒められていました。彼らは、ミサについてもその祈り、祭器具の名前、ストラの色の意味を完璧なまでに知っていました。しかし、いざミサが始まると彼らより鼻が高くなる者がいました。それが侍者です。侍者の子たちは、彼らなりにキリストの代理者である司祭に奉仕しているという自負心がありました。だからこそ、どんなに夜ふかしをして、次の朝早く母親にたたき起こされても、文句一つ言わず六時の朝のミサへ三十分かけて向かうことができたわけです。その中から、多くの子どもたちが神学校へ行き、司祭となった子もたくさんいます。

私が小学生だった頃、司祭の横で仕える侍者はヒーローでした。司祭やシスターからも、侍者が特別な役割であると言い聞かされていました。これはある意味で子どもの心理をうまく突いた信仰教育であったと思います。ある意味で、と言ったのは、今日の教会においてそのまま当てはめることができるものではないからです。

なぜなら、典礼は、「具体的に見える形で、そこに集まった神の民のメンバー一人ひとりが参加して、何かの分担、役割を果たして行うものであり、だからこそ、イエスご自身がなさる教会全体の祈りになる」（関戸順一「信仰教育の場となる侍者の養成」『教えの手帖』聖パウロ女子修道会、一九八六年）からです。

前述のような強調は以前の司祭中心だった司祭と信徒が遊離した教会のイメージを引きずるものとなります。ですから、あまりにも強調しすぎて男子だけとか特権階級のように一部に限定されたものとなっては、教会の本来の姿を伝えるのにマイナスとなってしまいます。養成者は、侍者も奉仕全体の一部であることを伝えながら、祭壇の近くで奉仕することの意味を子どものやる気を駆り立てながら伝えていかなければならないでしょう。やる気を駆り立てる必要があるのは、侍者はミサについてのさまざまな理解が求められるからです。聖書や聖体の大切さはもちろん。祭服や祭器具についての基本的なことと、侍者のやり方です。したがって、カテケージスにおいてこれらの理解を深めるときには、侍者との関連づけをつねに意識しておかなければなりません。

また、これらの指導にあたっては先輩侍者にコーチさせることは大変有効です。先輩は、ミサ後など特に侍者のやり方について自信を持って後輩を指導するでしょう。ただ、ときとして間違った方法が当然のように伝えられて、改善するのに大変な事態となりますので、教会の指導者はこのような間違いを直ちに改善することを忘れてはいけません。

この時代、侍者だからといって平日の早朝ミサへ来るよう導くのは、保護者の協力も必要なので至難の業ですが、導きしだいでは将来、司祭、修道者の道を志す子も出てきますので、やりがいのある奉仕だと思います。子どもたちの関心が少しでも教会のことに向かうとき、その心の扉から大きな恵みが広がるでしょう。しかし、司祭をはじめ親やおとなたちが主の共同体としての豊かさを生み出し続けていかなければ、子どもたちの信仰教育も過去の思い出で終わってしまうでしょう。

信仰を育てるのには難しい時代です。だからこそ、キリストの癒しが必要なのです。それを、おとなである私たちがもっと感じなければなりません。主のことばと癒しを求めて集いましょう。その場が、主と出会える場であるようくふうしましょう。子どもたちの未来のために。

Ⅱ　仕え合うために

第6章　朗読奉仕と聖歌奉仕

1　聖書朗読の大切さ

聞く人のために本を読んで聞かせる行為、ここには、あらゆる奉仕の原点があるといっても過言ではありません。内容を朗読して人々に伝えるという行為は、ニュース報道をはじめとして社会生活のあらゆる場面でなくてはならないものです。アナウンスやナレーションというサービスに、私たちがどれほどお世話になっているかはいうまでもありません。キリスト教の典礼においても、朗読奉仕は不可欠の奉仕です。広くいえば、典礼書に書かれている祈願や式文を読み上げる行為や詩編や賛歌を歌う行為も朗読奉仕に連なるものですが、ここでは、特に聖書朗読に限定して、その大切さを考えたいと思います。

聖書朗読がなぜ大切なのでしょうか。それは、典礼とは本来的に神の救いのわざを思い起こすことから始まるからです。歴史の中で、神が行われた救いのわざ、そして、何よりもキリストの生涯、その教え、行い、その死と復活をとおして成し遂げられた救いのわざを思い起こし、そして今現在も恵みをもって私たちに働きかけておられる神に祈り、そのみわざの完成を待ち望むところに典礼の祈りが成り立つからです。

そして、神がなさったこと、とりわけ、キリストによって成し遂げられたことを語り伝えるのが聖書ですから、この聖書を典礼集会の中で読むということは、共同体としての私たちが神に対して生きた感謝と賛美、そして祈りをささげるための根源ともなり、出発点ともなり、導きともなるのです。

聖書朗読は、単に、キリスト教の経典に敬意を表して一節朗読してみるといった儀礼的行為でも、説教の前座として行われるものでもありません。「聖書が教会で読まれるとき、キリストご自身が語られる」とあるように（『典礼憲章』7項）、神と私たちを結ぶ方としてともにおられるキリストとの交わりが、まさに朗読をとおして実現するのです。参加する一人ひとりが神との生きた対話に入れるようにするためのサービスだと考えると、聖書朗読はいかに重要な奉仕であるかがわかります。現代の教会は、信徒の奉仕の可能性を広げ、助祭・司祭を含めて朗読に奉仕する人々の養成を求めています（『朗読聖書の緒言』55項）。

2　朗読の際の心得

聖書朗読の大切さを少しでも考えると、そのために望まれる朗読の心得といったものは、おのずと導き出されてくると思います。朗読するのは、自分のためにではなく、人のため、共同体のためなわけですから、少なくとも、「聞き取れる声で、はっきりと、味わえるように」（『朗読聖書の緒言』14項）読むということが大原則です。そして、うまくこれができないときの状況を反省し、必要な準備が何かを考えることが必要です。

信徒の奉仕としての現在の実情に照らしてみると、共同体の中で、ときどきしか当番があたってこないことも多々ありますので、いざ本番のときには、とにかく緊張してしまい、早くその場を終えたくて急ぎすぎてしまうことがよくあります。会衆が味わう間もなく、次々とことばを追って読み進めてしまうような朗読に多く出会うのは残念なことです。このようなことは、会衆席で聴く側にいるときにひしひしと感じられることですから、どのような朗読が聴きよかったか、聖書のことばを味わわせてくれたかを、ふだんから関心をもっていくことも大切なことです。

朗読の準備として必要なのは、まず前もってよく練習をしてみるということしかないと思います。本当は、聖堂で仲間に聞いてもらって感想をもらいながら直していくような共同の朗読準備会などが望ましいと思います。これも特に講師を必要とするまでもなく、普通に聞こえるか、聖書のことばが味わえるかどうかについて感想をもらえる仲間がいればできることです。あるいは自宅で、少なくとも、朗読箇所の中身に入っていくために、何度か読んでみることだけでも最低限必要でしょう。そうすれば、自然と語句と語句、文と文とのつながりに注意して、適当な間とリズムで読むことが何らかの形でできるようになるはずです。あとは、朗読台を前にして、落ち着いて、はっきりとした声で、集まっている人々全員に届ける気持ちで丁寧に読むことが肝心です。

聖書朗読はただ「読むこと」というだけではありません。読みながら、やはり神のことばに耳を傾ける行為です。集会を代表して、自分の肉声をもって、神のことばを受けとめる役目なのです。それを心をこめて行えれば、おのずと集っている人々の、神のことばを聴く心も育っていくことでしょう。そのような朗読と拝聴の実践をとおして、「教会は神のことばによってたてられ、成長していく」のです（『朗読聖書の緒言』7項参照）。

3　朗読の間の歌（答唱詩編・アレルヤ唱／詠唱）

典礼で歌われる歌は、一般に典礼聖歌と総称されていますが、それぞれ、式次第のどの部分にあたるかによって役割にはそれぞれ違いがあります。聖書朗読と結びついた聖歌は、「朗読の間の歌」とも呼ばれるもので、第一朗読の後に歌われる答唱詩編と、福音朗読の前に歌われるアレルヤ唱（四旬節の場合は詠唱）をいいます。

答唱詩編は、第一朗読をとおして神のことばを聞いた後に、それを深く味わい、神の心を思いめぐらす黙想的な役割をもっています。詩編自体が旧約聖書と新約聖書の橋渡しであるといわれるように、第一朗読で旧約が読まれる場合には、特にその朗読と福音書・使徒書との結びつきに大きな光を与えてくれます。

アレルヤ唱／詠唱は、福音朗読の序曲の役割をし、その主題に関連した新約聖書の句が歌われるものです。

朗読の間の歌は聖書朗読に密接に結びついているもので、答唱詩編の箇所やアレルヤ唱／詠唱の句は『ミサの朗読配分』（規範版・第一版一九六九年、第二版一九八一年）に指定されています。その指定に従って、該当する歌を歌うことが必要となりますが、現在、日本の教会では概ね、毎年発行される『教会暦と聖書朗読』（カトリック中央協議会）で指示されている『典礼聖歌』が歌われています。『聖書と典礼』もその指示に従って詩編本文や楽譜を掲載しています。

典礼刷新の歴史を振り返れば、国語化されたミサの中で、答唱詩編のような歌の形は、ほとんどまったく新しい実践であったようです。この実践のためには、歌うことができるような新しい典礼用の詩編訳が必要となり、典礼委員会詩編小委員会訳『詩編――ともに祈り・ともに歌う　現代語訳』（あかし書房、一九七二年）として発行されました。これが、現在の答唱詩編の本文や、『教会の祈り』の詩編唱和の本文の元となっています。そして、これを土台に詩編歌やアレルヤ唱／詠唱の作曲が精力的に行われ、『典礼聖歌』ができていったのです（髙田三郎『典礼聖歌を作曲して』オリエンス宗教研究所参照）。

今後も朗読の間の歌としての聖歌の発展が期待されますが、少なくとも、現在の『典礼聖歌』の誕生によって、このような歌の形式が私たちに親しまれるようになったという事実は、公会議後の日本の教会における最も大きな出来事の一つであろうと思います。

4　詩編唱者と会衆の心構え

朗読の間の歌は、ことばの典礼には不可欠の要素です。神のことばの朗読を聞いた会衆全員が参加して歌うという意味で、典礼における会衆参加を代表する非常に重要な部分になります。

また特に答唱詩編において、詩編の詞の部分を歌う詩編唱者の役割は、ほとんど聖書朗読者と同等の位置づけを与えられ、『ローマ・ミサ典礼書の総則』(以下『総則』)では「詩編唱者」(プサルミスタ)という独自な名前で呼ばれています(現行67項、新102項)。この位置づけは、詩編唱者は、聖書朗読台か、またはその近くの適当な位置で歌うものと規定されているところにも示されます(現行36項、新61項)。この役割は一人(独唱者)であるか、または何人かによって担われます。日本の教会での実際を見ると、詩編唱者の歌う場所については、総則のとおりの実践はなかなか少ないといえるかもしれません。しかし、総則に示される答唱詩編の役割やその規定をよく研究し、課題として受けとめていくことも必要となっていくでしょう。

さて、朗読の間の歌の役割は、神のことばを味わい、神と対話することにあります。あくまで朗読箇所との結びつきの中で、神への賛美、そして祈りとして歌われるということです。会衆全員の歌い方と同様に、詩編唱者の歌い方も、一人や少数の人々の独演会のようになるのではなく、会衆の心を率直に代表するような歌い方が望まれます。

これらの歌の準備としては、該当する歌と詞を直接準備するのは当然として、やはり朗読箇所全体を読み、その日の神のことばが何を告げようとしているかを黙想しておくことが望まれます。朗読の間の歌が、テーマに深く関わっていることを考えると、なおさら聖書朗読全体とのつながりを知っておくことの大切さがわかります。

そのような詩編の詞やアレルヤ唱の詞を繰り返し読み、そのリズムや抑揚や呼吸を身に着けていくことと旋律を準備することとは、本来結びついていることです。そして、詩編唱者の奉仕は、朗読と同じように、伝わるように、はっきりと、味わえるように歌うことが何よりの原則になっていきます。歌の場合はある程度の速度も必要とされます。また、楽器奏者の先導や伴奏、会衆とのコンビネーションを配慮したバランスが必要です。

朗読とその間の歌に関しては、多くのことは、各共同体の状況に即したある形ができていくものですが、それも、必要に応じて、見直しをしていくことが大切です。

5　行列のときの賛歌

ここで簡単に、ミサにおける入祭の歌、奉納の歌、拝領の歌について触れておきたいと思います。共同体でささげるミサは、基本的に歌ってささげるミサであるので、開祭の始めには、入堂行列に際して入祭の歌が歌われ、供え物の準備の行列の際に奉納の歌が歌われ、聖体拝領に際してその行列が続く中で拝領の歌が歌われます。これらの賛歌は、その式次第の中での位置づけから行列用賛歌とも呼ばれます。

これらの歌を選ぶという奉仕は、おそらく通常のミサにおいて最も大きな仕事になっているのではないかと思います。聖歌に関する奉仕者がそれを担当していることでしょう。歌を選ぶためには、まず、三つの行列用賛歌それぞれの趣旨を理解しておくことが必要です。入祭の歌の目的は「会衆の一致を促し、会衆の思いを典礼季節と祝祭の神秘に導入することです」し（『総則』現行25項、新47項）、拝領の歌は、「拝領者の霊的一致を声の一致で表現し、心の喜びを示し、聖体を受けるための行列の『共同体的な』特徴をより際立たせる」ためのものです（同、現行56項リ、新86項）。奉納の歌の目的について特別記されていませんが、ことばの典礼から感謝の典礼への移りゆくところで、賛美と感謝のささげものを準備する会衆の心、主の食卓を囲む共同体の一致などが主眼となる歌となっていくでしょう。三つに共通しているのは祭儀的な喜びを歌で表すということにあります。

第二には、その日の聖書朗読のテーマにできるだけ即したものを選ぶということです。季節や祝祭日に関しては、特にこのことが求められます。そのために、聖歌を選ぶ奉仕者には、朗読奉仕者や、詩編唱者と同じように、朗読配分によることばの典礼の内容的な展開について熟知していることが必要です。ここでも、詩編の歌が、歌う歌としても、新しく作られる賛歌に霊感を与えるものとしても、大きな役割を果たします。

実際に選ぶためには、『典礼聖歌』にある索引や各歌についている利用ガイドなどを手がかりにすることができます。

本書の範囲を超える課題ですが、今後、日本の教会における典礼聖歌のレパートリーの増大とともに、前述の趣旨に沿った聖歌の選択の幅がどんどん広がっていくことでしょう。現代の会衆にふさわしい聖歌がたくさん生まれることを今後に期待したいと思います。

Q&A3　A年、B年、C年とは

Q

『聖書と典礼』や主日の福音の解説書などに「A年、B年、C年」ということばが出てきますが、これは何を意味しており、どのように決まっているのですか。

A

A年、B年、C年とは、主日のミサの朗読配分に関する用語です。聖書朗読の中心は何よりも福音書にあるので、この配分の周期は、どの福音書を中心に読む年かを示す記号となっています。

A年はマタイ福音書、B年はマルコ福音書、C年はルカ福音書を中心に読む朗読配分の年という意味です。ヨハネ福音書はどうなるのかということですが、この福音書は共観福音書とは違った形でキリストの神秘を深く説き明かす内容の書で、各年の季節（とりわけ復活節）や一定の年間主日、祝祭日の朗読にあてられたり、最も短いマルコ福音書を読むB年に配分されたりしています。

重要な祝祭日はABC年とも同じ箇所が読まれますが、基本的に三年周期の福音朗読配分を中心に、第一朗読（旧約聖書・使徒言行録）、第二朗読（使徒の手紙・黙示録）も三年ごとに違う箇所が配分され、全体としてミサの聖書朗読は、大変豊かになっています。

なお、今年がＡＢＣのどの年にあたるかということに関してですが、西暦年数を三で割って、一余る年がＡ年、二余る年がＢ年、割り切れる年がＣ年となります。紀元元年をＡ年と想定した順で考えられていることになります。

このような朗読配分のしくみを知るために、大変重要な典礼公文書が『朗読聖書の緒言』（カトリック中央協議会）です。付録には、朗読配分の一覧表がたくさんあり、また、いろいろな趣旨の典礼集会で選択できる聖書の箇所の例が出ています。そして、その年ごとの典礼暦に即した朗読配分の実際については、毎年発行される『教会暦と聖書朗読』（カトリック中央協議会）が基準になります。

Ａ年、Ｂ年、Ｃ年というしくみができたのは、何よりも、聖書朗読をより豊かに、変化に富むものとしたいという現代の教会の望み（『典礼憲章』35項）があったからのことです。それは、信者一人ひとりの生活が、聖書朗読をとおして語られるキリストを中心に営まれ、深められていくことを願ってのものであることを深く受けとめ、すべての典礼奉仕者が、この聖書朗読の配分の意味やしくみについて、理解を深めていくことが望まれます。

Q&A4　典礼暦年のしくみ

Q

教会の暦には復活祭や待降節などいろいろな季節がありますが、日取りが毎年変わっていたりして、わかりにくい感じがします。そのしくみや意味を簡単に知りたいのですが。

A

典礼暦年とは、「主の年」とも呼ばれるように、教会がキリストとともに生きる教会の一年の過ごし方、その構造を意味します。「主の年」としての典礼暦年には主に三つの柱があります。

主日　主日はいつもキリストの復活の祝い日です。○月○日という月日による固定した日付よりも、教会においては、○○の主日とか第○主日という言い方のほうが多いのはそのためです。主日に始まる週の周期を教会は大切に守っています。主日は一週間の終わりにも当たるため、主日に始まり、主日に終わる「八日間」として、一週間がとらえられることもあります。

主の死と復活の記念　次の柱は、いわゆる復活祭、厳密にいうと、過越の聖なる三日間です。これは、一年の周期の中で、主の受難と復活の記念をするもので、典礼暦年の頂点をなしています。この復活祭の祝いは、五十日間続き、その締めくくりの日が聖霊降臨の主日、その五十日間が復活節となります。また、復活祭を準備する期間がイエスの断食の四十日にならって形成され、四旬節になります。四旬節と復活節は、復活祭の準備と祝いの喜びの継続というだけでなく、洗礼を受ける人の準備教育（四旬節）と洗礼を受けた直後の教育（復活節）、同時に共同体の中での信者の回心（四旬節）と共同体としての成長（復活節）という実践的な目的を含んでいます。これらの季節は、信仰者としての回心と成長のための祈りの集中期間と位置づけることができます。

ちなみに「春分の後の満月の日の次の日曜日」という決め方を伝統的にもっている復活の主日がその年のいつになるかによって、四旬節・復活節の具体的な日取りが決まります。

主の降誕　典礼暦年のさらにもう一つの柱は主の降誕（12月25日）です。神の子の受肉と降誕（救いの訪れ）を喜びのうちに記念するこの日を中心に、終末における主の来臨（救いの完成）への待望を高めつつ降誕祭を準備する期間として待降節、主の公現や主の洗礼を含む神の子の顕現を記念する期間としての降誕節があります。

また、待降節は主の降誕の前に四つの主日を置くことになっていますので、その年の典礼暦の始まりである待降節第一主日の日取りが主の降誕を基準に決定されるのです。このような主日や季節の流れに祝祭日が加わり典礼暦年の全体像が出来上がってくるのです。

待降節　キリストの来臨を待ち望む・降誕の準備期間

「待降節第一主日」から典礼暦の一年が始まります。約四週間あり、「主の降誕」の前晩の祈りの前までが待降節となります。

降誕節　キリストの降誕と公現を記念する期間

「主の降誕」から「主の洗礼」までの約二週間が降誕節です。

年　間

年間は、一月六日直後の主日の次にくる月曜日から始まり、四旬節前の火曜日まで続きます。

四旬節　キリストの受難と復活にあずかる入信準備と回心の期間

「灰の水曜日」から四旬節が始まります。「聖木曜日・主の晩さんの夕べのミサ」の前まで続きます。四旬節の主日には「四旬節第一主日」から「四旬節第五主日」までの各主日と、聖週間の始まる第六の主日である「受難の主日（枝の主日）」があります。

聖週間・聖なる過越の三日間　一年の典礼暦の頂点

「受難の主日」から「聖土曜日」までの一週間が聖週間です。典礼色は「受難の主日」が赤、「受難の月曜日」から「受難の木曜日」の昼の祈りまでが紫です。続いて、聖なる過越の三日間の「聖木曜日・主の晩さんの夕べのミサ」が白、「聖金曜日」が赤、「聖土曜日」は紫となります。

復活節　キリストの復活とその栄光を祝う期間

「復活の主日」の典礼である「復活の聖なる徹夜祭」から復活節が始まります。「聖霊降臨の主日」までの五十日間です。

年　間

「聖霊降臨の主日」の翌日からまた年間が始まり、最後の主日は「王であるキリスト」で、この主日から始まる週の「待降節第一主日」の前晩の祈りの前に典礼暦の一年が完了します。

一年間の典礼暦と典礼色

「紫」は回心・節制・待望、「白」は純潔・栄光・喜び、「緑」は成長・希望・生命、「赤」は聖霊の炎・殉教者の血などを表し、祭日、祝日、記念日によっても典礼色が変わります。

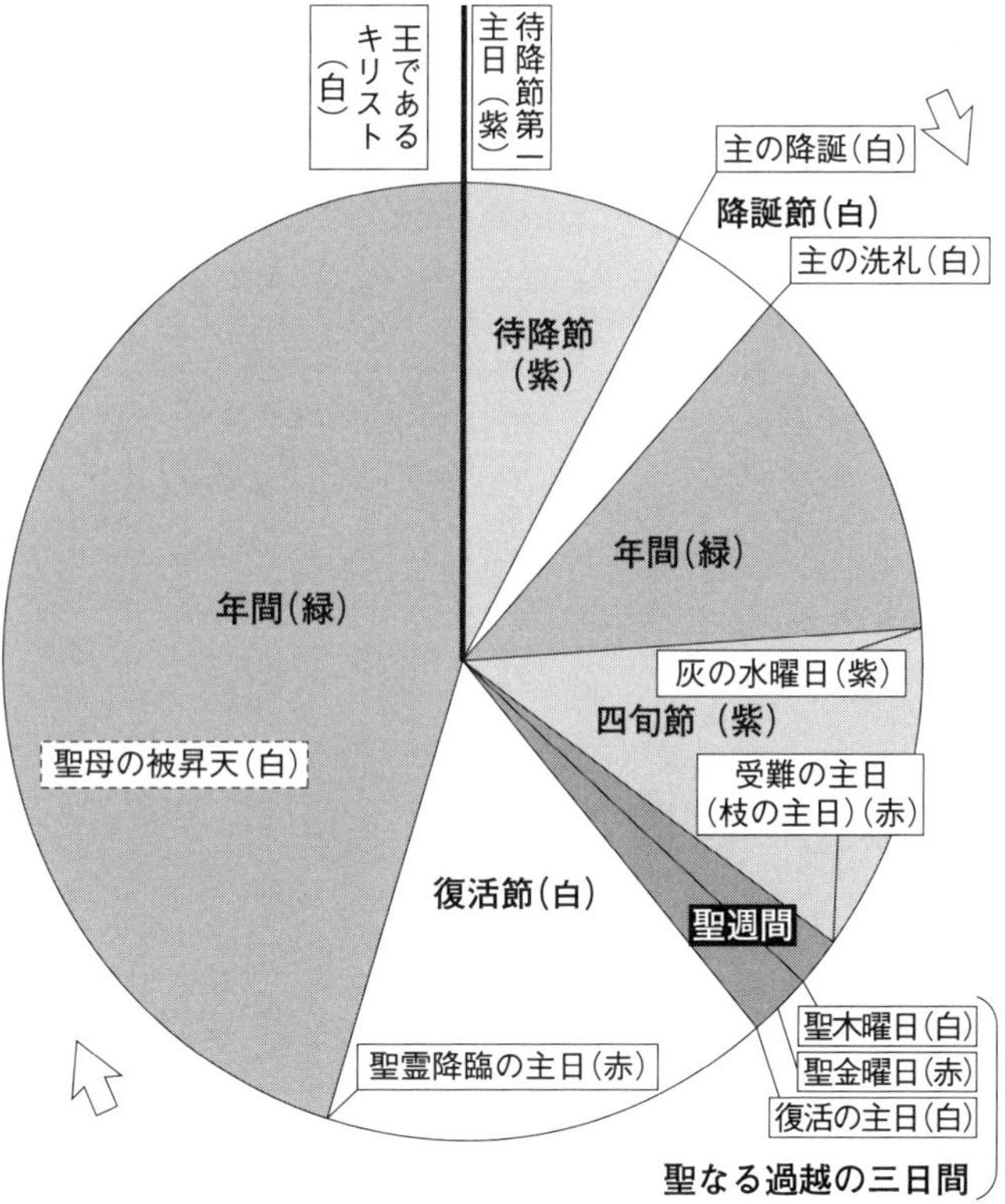

第7章　共同祈願に関する奉仕

1　すべての人のための祈り

ことばの典礼の締めくくりに行われる共同祈願は、現代のミサの中で、全会衆の自らの祭司職を果たす行為として行われる代表的な部分です（『ローマ・ミサ典礼書の総則』〔以下『総則』〕現行45項、新69項参照）。実は、共同祈願は、ミサだけではなく、あらゆることばの祭儀、集会祭儀、「教会の祈り」の朝・晩の祈りなど、教会共同体の中で神のことばが告げられる祭儀の中で行われており、その信仰的な実践としての意義はますます大きくなっています。

「共同祈願」と日本語で訳されているこの祈りは、さまざまな側面を含んでいます。その最も大切な第一の意味は、「すべての人の救いのための祈り」ということです。ラテン語の原語（オラチオ・ウニヴェルサーリス）が意味するところです。同時に、副題として『聖書と典礼』でも掲げている「信者の祈り」（オラチオ・フィデリウム）というのも伝統的な名称です。会衆一同が自らの祭司としての務めを実行する祈りであることを示すものです。

この二つの面から、共同祈願とは、典礼のために集っている信者一同が、洗礼をとおしてキリストに結ばれた神の民として、自らが属しているさまざまな次元の共同体（全教会、人類、国、地域、社会、あらゆる個別の状況や境遇をともにする人々）を顧みながらその救いを祈る祈願であるということができます。さまざまな次元の共同体を顧みて祈ることをとおして、現代に生きる神の民が、自らの共同体としての自覚を深めていくのです。

この共同体のさまざまな次元に即した意向で祈るために、祈願の形式は、①祈りへの招き（司式者）、②意向（助祭、先唱者、その他）、③呼唱（会衆一同）、④結びの祈り（司式者）からなっています。

司式者が祈りを導き、それを取り結ぶのは、公式祈願（集会祈願、奉納祈願、拝領祈願）と同じですが、これに加えて各意向と一同の呼唱があることによって、「すべての人のために祈る共同体全体の祈り」という姿が具体的に示されることになります。

2　共同祈願の始まり

「すべての人の救いのための祈り」としての共同祈願は、新約聖書の中で使徒パウロが勧めている祈りの一つの姿です。それは『テモテへの第一の手紙』の一節です。「願いと祈りと取り成しと感謝とをすべての人々のためにささげなさい。王たちやすべての高官のためにもささげなさい」（一テモテ2・1―2）。

一世紀末のローマのクレメンス（教皇クレメンス一世）の『コリントへの第一の手紙』59章では、そのような使徒の勧告に則った、神への懇願の祈りの例文が出ています。そこでは、すべての信者、すべての人、あらゆる困難にある人（病気の人、迷っている人、飢えている人、とらわれの身にある人、弱い人など）のことが祈られています。

このような特質をもった祈りが初期の教会で生き生きと行われており、教父たちがしばしばそれについて言及しています。

とりわけ、二世紀半ばに殉教した護教家ユスティノスの『第一弁明』という書物では、典礼の進行の中で共同祈願がどのように行われていたかを述べる部分があります。

それは、二箇所で触れられていて、一つは洗礼式が終わったあとに新しい受洗者が信者たちの集会の中に連れて行かれるところで言及されます。「洗礼をさずけてから、この人を『兄弟』と呼ばれる者たちの所に連れて行きます。その目的はここに共に集って、自分共と、照明に与ったその人と、また全地に居る他のすべての人々のために、公同の熱い祈りをささげることです」（『第一弁明』65章1。邦訳『キリスト教教父著作集〔第一巻〕ユスティノス』教文館、83ページ）。もう一つは、主日の典礼集会について述べるところです。聖書朗読の後に、司式者の勧めのことば（今日でいう説教）があり、それに続いて、「私共は一同起立し、祈りを献げます」と記されています（同67章5。邦訳は前掲書85ページ）。

洗礼式の後の共同祈願は、この祈りが、洗礼を受けて神の民の一員となった人が初めてする「信者の祈り」であるという性格が特に示されます。また、祈りの意向が信者たち自身、受洗者（「照明に与ったその人」）、そして世界中の人々に向けられているところに、すべての人のための祈りという性格も現れています。また主日の典礼における共同祈願の場合も、一同が立って祈るというところに、全会衆が、自ら祭司としての務めとして祈りを行っている様子が感じられます。

3　共同祈願の意向――『聖書と典礼』の試み

『総則』は、共同祈願に関して意向の類別の基本を示すだけで、招き、意向、応唱、結びに固定的な式文を定めていません。その意味で、共同祈願は、典礼の祈りの中でも、各共同体で創意をもって自主的に作っていくべき部分となっています。

共同祈願の意向として望まれることとして、通常、次の順序で行うとされ、四つの項目があげられています（『総則』現行46項、新70項）。

(1)　教会の必要のため
(2)　国政にたずさわる人々と全世界の救いのため
(3)　困難に悩む人々のため
(4)　現地の共同体のため

新しいミサが行われるようになった一九七〇年代から、『聖書と典礼』は一貫して、主日ミサでの共同祈願の例文を掲載しています。他の、その日のミサの固有の式文（集会祈願・奉納祈願・拝領祈願、入祭唱・拝領唱）と異なって、例文にすぎないことから、招きや結びに関しても、また特に意向に関しても、「例文」と明記することにしています。本来は、各共同体で作って祈ることが望ましいためです。

その一方で、例文には例文としての重要な役割があることを、編集スタッフの間でつねに考え続けています。公会議後のミサの刷新の精神に即し、主日の朗読のテーマに対応した共同祈願作りを率先するという役割です。国語化されたミサにふさわしい日本語の口語の独自な祈願を作るという未踏の課題です。

それには、一九七三年に刊行された『教会の祈り――新しい聖務日課』における朝・晩の祈りの共同祈願が非常に優れた前例となりました。それにならいながら始められ、各主日の聖書朗読の内容を編集会議によって研究し、複数のスタッフによって提案された新しい原案に対して検討を重ねつつ例文がまとめられていきます。

実際には、その日ごと使い切りの例文提供ではありますが、バックナンバーの保存などによって、過去の例文も各共同体での作成の参考にしていただきたいと思っています。本書の中でも紙面のゆるす限り、過去のストックから例文をいくつか巻末に掲載しますので、参考にし、また活用していただけると幸いです（２０１ページ参照）。

4　各意向に関する留意点

1　教会の必要のため

意向の第一のものは、『総則』では「教会の必要のため」といわれます。この趣旨は、神のことばへの応えとしての共同祈願の性格から考えると次のようになるのではないかと思います。すなわち、その日の神のことばに含まれる、神の民への呼びかけに応え、そこに示されている私たちの使命の実現に向けて、そこで必要とされていることを考えながら、神の恵みの働きを願うという意味です。

福音は、そのときどきのイエスの行いや出来事、教えのことばを中心に置きながら、そのつど、今の私たちへの呼びかけを含み、現代における教会の使命を照らし出しています。キリストに従うこと、仕えること、愛し合うこと、福音を告げ知らせることなど、その日ごとのニュアンスをこめて、信じて従う道への呼びかけが展開されています。そのことに積極的に応答し、使命を受諾し、担うという私たちの気持ちや信仰告白を、この祈願の意向の中に含ませていくことも大切なことです。

また教会全体を眺め渡して特に必要とされていると思われること、一致や愛、相互理解、横の連帯など、全教会、すべての信者に共通な関心事をこの意向の中で、ことばに表していくことができます。

例文の試みの中では、「すべてのキリスト者が」「キリストを信じるわたしたちが」「キリストに結ばれているわたしたちが」「神の民として遣わされたわたしたちが」「全教会が」など、教会を表すさまざまな表現を主語にして切り出すことが多くなります。それぞれの言い方のニュアンスの違いなどを意識して考えていくと、それ自体が生きた教会論になっていきます。

その際に、現代の教会がどのように自らを理解しているかということを、第二バチカン公会議の『教会憲章』などから学んでいくことが大切です。そこには、新約聖書や教父たちのことばがふんだんに引用され、祈りのことばの糧になるものがたくさん含まれているからです。

あとは、聖書朗読との関係ですが、できるだけ福音と第一朗読のつながりをとおして浮かび上がるテーマを基準にし、その側面で使徒の手紙の内容を含ませていくという方向で考えていくのが、各朗読の位置づけからいっても、基本になると思います。

2　全世界の救いのための祈り

意向の第二類について、『総則』では、「国政にたずさわる人々と全世界の救いのため」と指示されています。この趣旨は、前に引用した『テモテへの第一の手紙』2章1―2節の「願いと祈りと執り成しと感謝とをすべての人のためにささげなさい。王たちやすべての高官のためにもささげなさい」という勧告に直結しています。

意向の第一類が全教会の必要のために祈ったとすれば、ここでは、キリスト者であるなしにかかわらず、すべての人、全世界という範囲にまで視野を広げて祈ることになります。すべてを造られた神がすべての人を救おうとしておられる意志、み旨を思いながら、その実現のための恵みを願うことがこの意向の役割になります。

それはしばしば、すべての人の共通の願い、平和や幸福への願いと重なってきます。というよりも、むしろ、世界の人々が共通に求めているものが、神の恵みによって与えられるよう願う意向であるというほうがより明確でしょう。普遍的救済、普遍的な価値の実現への意向なのです。例文の中では、多くの場合、祈られる事柄は、平和、正義、生命の尊重などとなっています。この教会もともに求めるべき人類普遍の価値については、第二バチカン公会議の『現代世界憲章』をはじめ、その後の回勅、使徒的勧告などの教皇文書が直接の参考になります。ふだんから、教会が世界に発するメッセージに心を留めておくことが大切です。

さらに、近い時期に起こった世界の出来事をもりこんだ意向を、各共同体で作っていくことによって、より生きた祈りになっていくと思います。

ちなみに、例文では、この類の意向であることがわかるよう、「全世界」「世界の人々」「すべての人」「多くの人」「わたしたち」、あるいは「一人ひとり」といったことばを、基本的な主語としています。「わたしたち」という場合でも、キリスト者や教会の範囲にとどまらず、人一般を主体的に語るための言い方です。

なお、『総則』の中にある「国政にたずさわる人」のための意向はときどき難しく感じられることがあります。昔は王や高官でよかったかもしれませんが、現代では、理論的にはすべての人が参政権をもつ政治主体であるというべきなので、「国政にたずさわる人」を取り分けて祈るだけでは不足と感じられることがあります。とはいえ、職務として、国政への責任を担っている政治家や国家指導者も現実にはいるので、その人々の働きについて一般的な恵みを願う祈りが適当かつ必要となるときもあるでしょう。

3　困難に悩む人々のため

意向の第三類は、『総則』では「困難に悩む人々のため」と指示されています。言い換えれば、「すべての人の救いのための祈り」としての共同祈願を、ある固有の状況や境遇に即して祈るところになります。

聖書の教え、キリストの教えに照らしてみれば、広い意味での寄る辺のない人、貧しい人、飢えている人、病気に苦しむ人、迫害されている人、差別を受けている人、家族を失った人、寄留者、難民、移住者などのことにまなざしを向けていき、その祈りをとおして、教会の使命を考えていく意向を掲げていくところだろうと思います。

キリスト教の精神を表す大切な意向ですが、その反面で、ことばで表現することの難しさをいつも痛感させられる意向の種類であることも確かです。

それは、「困難に悩む人」「苦しむ人」というような、一般化した表現を使っても、現実の状況になかなか迫っていけないと感じられることや、そのような人のことをことばで表すと、逆に、自分たちとの間に線を引いてしまい（特に、「その人々が」とか「彼らが」という表現をしてしまうと）、教会がそのような境遇にある人のことを高みから見ているようなニュアンスになってしまったりするからです。「ことばにする」ということの本質的なジレンマなのかもしれません。

おそらくこの意向において重要なのは、だれもが、例にあげたようなすべての状況に置かれうる、あるいは現に置かれているという、人間としての連帯意識を踏まえて祈ることだと思います。そのうえで、聖書で例示されている以外の、現代の世界、日本の社会で、救いを待ち望み、キリストとの出会いを待ち望んでいるさまざまな状況の人々にできるだけ目を向けて祈りにしていくことが大切です。その際に、いわゆる悲運の状況ばかりでなく、現代の世界や教会の積極的な側面を表すような状況を取り上げていくことも一つの方法です。どこにでも困難はあり、どこにでも恵みが働いていると考えられるからです。

また、次に述べる第四類の意向だけでなく、ここの意向でも、各共同体の活動や関心事の焦点となっていることを表明していくことができます。

この意向のためには、教会の諸文書や『カトリック新聞』、諸雑誌、さらに一般メディア、さまざまな活動団体の発行するニュースなどを参考にすることが大切です。現代の人々が置かれうるあらゆる状況に心を向け、福音の光のもとで、将来への展望を探るという課題がこの意向には含まれるからです。

4　現地の共同体のため

意向の第四類は、『総則』では簡単に「現地の共同体のため」と記してあるだけです。ここでは、それぞれの共同体の関心事に従って祈るところなので、『聖書と典礼』の例文の中でも、ここだけは、「それぞれの共同体のために祈る」と記すだけで、特別な例文はあげていません。

多くは典礼季節ごとの実践、教区行事に関する意向、暦に即した行事（成人の祝福、七五三の祝福など）、特別な活動やイベントに即したもの、また、教会のメンバーの動静（洗礼、結婚、帰天、異動など）、共同宣教司牧に関する事柄など、多くの主題が考えられます。

それぞれの共同体といっても、それ自体決して単一のものであったり、自己完結したりするものではありません。小教区と教区全体との関係、共同宣教司牧を行う他の小教区との関係、小教区に属する信者の家族や信者各個人、司祭団と信徒一同など、いろいろな次元の共同体の間で互いに結びつきながら生きており、究極的には、全教会、全世界、全人類とのつながりの中に置かれています。

その意味では、それぞれの共同体の関心事に即して祈るこの第四類も、狭い意味で、その共同体の中だけの出来事に終始するだけでなく、第一類、第二類、第三類の意向すべてと結びついたものとして展開できます。その日の福音を受けとめる祈りという原則に立ったうえで、ややもすると一般的、抽象的になりがちな、第一類や第二類の祈りを各共同体のより具体的な活動に引きつけて述べていく意向としてまとめていくこともできます。

その意味では、自由に展開する意向として任されているということは大変大きな意味があると思います。意向作成の担当者は、ふだんから、自分の属する共同体の動きに目を配り、何が関心事となっているかについて知っておく必要があります。教区・小教区・共同宣教司牧チームなどでの連絡上のネットワークとの結びつきも必要です。

そのように、教会の活動や行事と密接に結びついた祈りができれば、典礼と教会活動、福音と教会生活との結びつきを活性化させていくことが可能になります。いわば、共同体の中の横の連携が、神との対話の中で昇華され、そこからまた新たな限りない力を受けることができるようになるのです。

第8章　祭壇奉仕

1　祭壇奉仕とは

ここで扱うのは、ミサの中で、司祭席や祭壇の近くで行われる奉仕についてです。

ミサの中での司祭以外の奉仕者でまず第一にあげられるのは、「助祭」（ディアコヌス）です。古代の教会では、司教を中心に司祭団や助祭たちが共同して働く、ある種の「共同司牧」のようなチームワークで教会共同体への奉仕が行われていました。

本来「仕える者」という意味を持つ「助祭」は古代の教会では司教のもとで教会の運営や財産管理を担当し、貧しい人を助け、病人の世話をするという教会の大切な役割を担っていました。そして礼拝の場でも司教を直接助ける奉仕者として活躍していました。

このことは大切なことです。助祭は実際の共同体の生活の中で「奉仕者」であったがゆえに、典礼の場でも「奉仕者」としての役割を担ったのです。助祭に限らず、「奉仕」ということは決して典礼の中でだけで行われるものではありません。むしろ、実際の生活の中で奉仕を生きていることが前提にあって、そのことを典礼の場で目に見える形で表すことが「典礼奉仕」なのです。

中世になって教会のあり方が「小教区と主任司祭」を中心とする形になる中で、ほとんどの奉仕を司祭一人が担当するようになり、助祭職の必要性が減り、助祭といえば神学生が司祭になる直前の実習期間を指すようになっていきました。

第二バチカン公会議は司祭になる前の過渡的な助祭職だけでなく、生涯を助祭として教会に奉仕する終身助祭の道を開きました。司祭と違って、結婚している男性でも終身助祭になることができます。日本でもいくつかの教区でそのような終身助祭制度を導入し始めています。助祭はミサを司式することやゆるしの秘跡・病者の塗油の秘跡を授けること以外は、ほとんど司祭と同じような働きができます。そのため司祭不足の地域では働きの場が大きいのですが、助祭は本来司祭の代役ではありません。むしろ、典礼や秘跡における奉仕だけでなく、教会の活動の中の「仕える・愛する」という本質的な部分を表す大切な役割だと考えられるべきでしょう。

古代の教会には「祭壇奉仕者」（アコリトゥス）や「朗読奉仕者」（レクトル）という奉仕者がいたことも知られています。これらの奉仕職も歴史の中では、神学生が司祭になるまでの過程で受けるだけのものになっていきました。「祭壇奉仕者」「朗読奉仕者」は第二バチカン公会議後に信徒の奉仕職として復興されましたが、男性だけがなれる奉仕職である点、任期がなく終身である点から世界的に見てもあまり浸透していません。日本でもいまだに神学生ぐらいしか見かけることができないでしょう。

日本の多くの教会では、一般的には、助祭や選任を受けた祭壇奉仕者がいない場合が多いと思われますので、ここではそれ以外の信徒の祭壇奉仕について述べます。祭壇の近くで奉仕する信徒は「侍者」と呼ばれてきましたが、ここでは「祭壇奉仕者」と呼ぶことにします。『ローマ・ミサ典礼書の総則』（以下『総則』）新100項では、「選任された祭壇奉仕者が不在の場合、祭壇で奉仕し、司祭と助祭を助けるために信徒の奉仕者を任命することができる」というのがこれにあたり、選任を受けた祭壇奉仕者に準じるものと考えられるからです。

なお、「従う」という意味のギリシア語から来たアコリトゥスということばも意味深いことばです。直訳すれば「従う者」ということになるでしょうが、新約聖書では弟子たちがキリストに「従う」というときに使われることばです。「祭壇奉仕者」ということばの本来の意味も「キリストに従う者」であることを大切にすべきでしょう。もちろん、これも典礼の中だけのことではありえません。

教会の歴史の中で、ある時代から祭壇奉仕者は男の子の役割とされてきました。そこには、少年たちがミサに積極的に参加し、司祭への召命を感じることができるように、という配慮が働いていたと考えられます。現代では祭壇奉仕者は必ずしも男の子の奉仕ではありません。女性ももちろん祭壇奉仕ができますし、これから述べる祭壇奉仕者の役割から考えれば子どもの役割というよりも、むしろおとなの役割というべきかもしれません。もちろん、女の子であれ男の子であれ、子どもたちが行動的にミサに参加することを大切にして、子どもたちに祭壇奉仕をしてもらうことには大きな意味があります（第5章5参照）。

ここではおとなの祭壇奉仕者を前提に考え、具体的な祭壇奉仕者の動きよりも、祭壇奉仕者の役割が何であるかを明確にしていきたいと思います。もちろん、その中には子どもでも十分できる奉仕があるでしょう。祭壇奉仕者の役割の基本的な意味を理解した上で実際にどのような動きになるかは、各教会で考えるべきことです。聖堂の広さ・構造、ミサの式次第の細かい部分、奉仕者の数などいろいろの事情は各教会によって異なるからです。

行列の順序　例 1

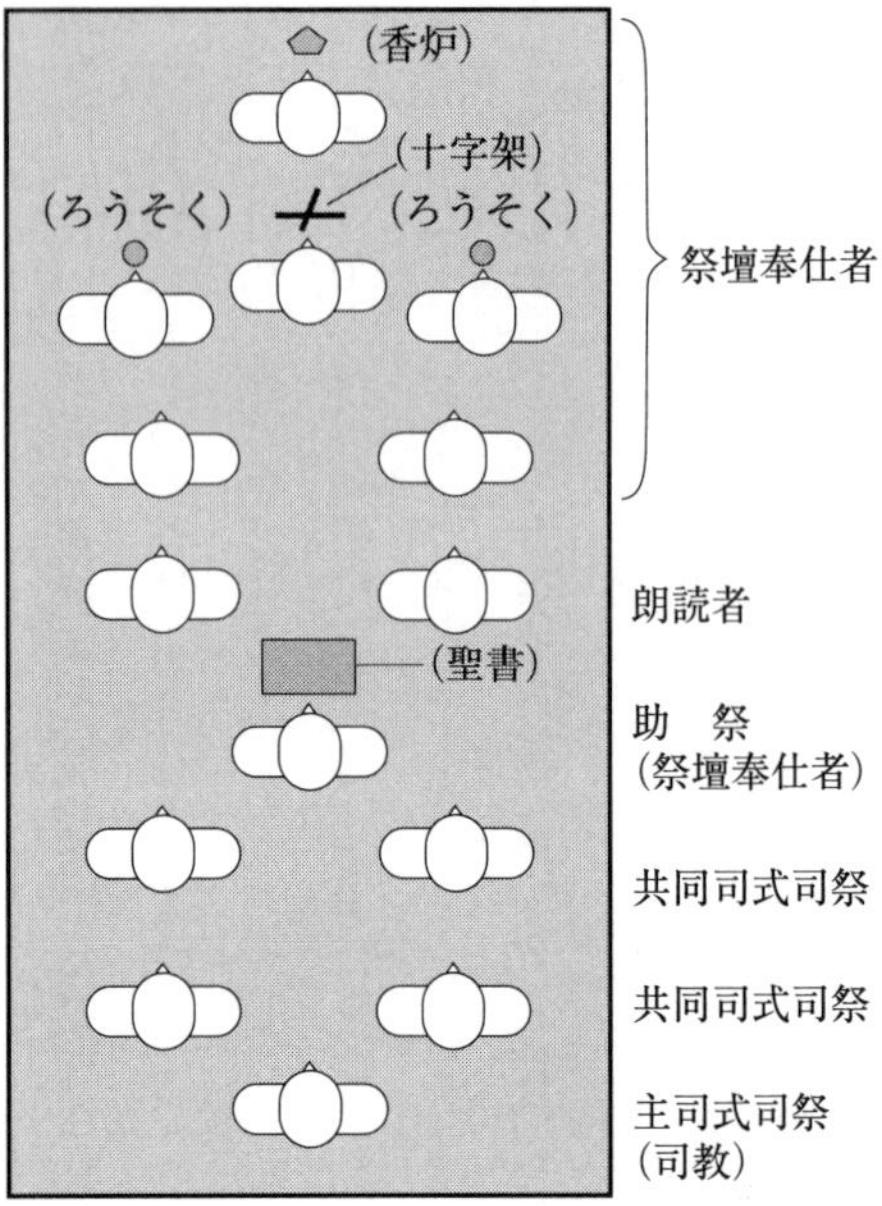

行列の順序　例 2

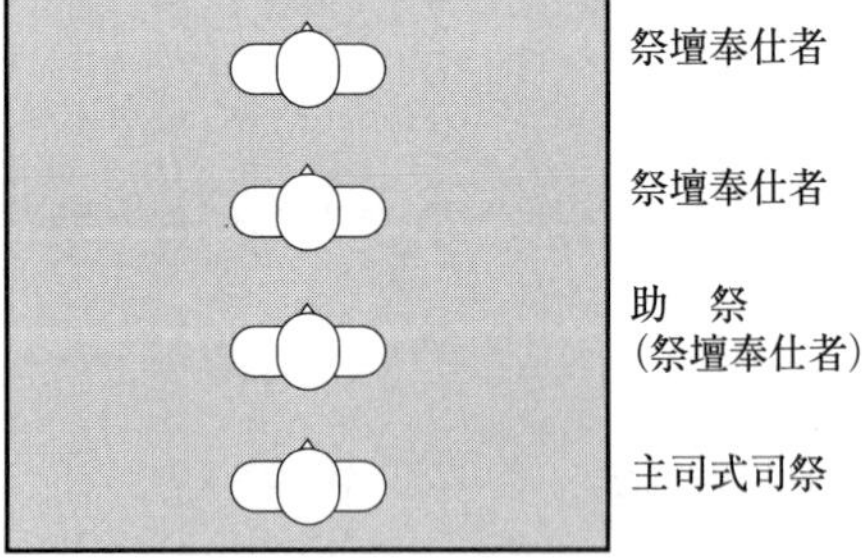

ろうそくと十字架捧持

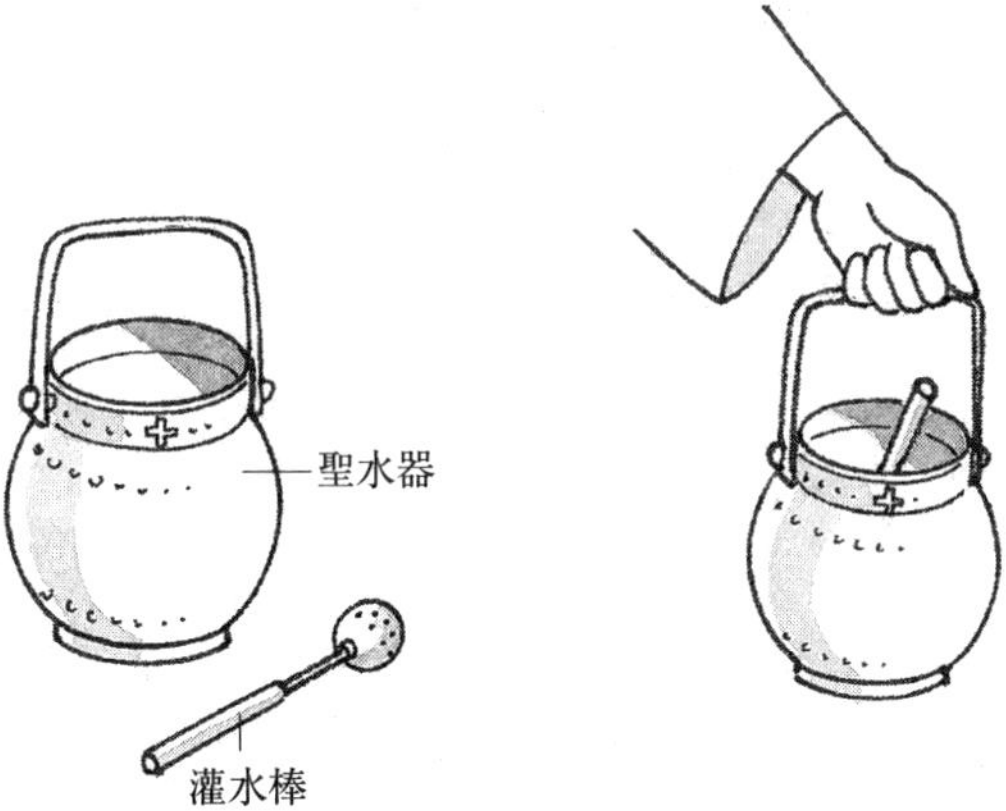

灌　水　器

香炉と香舟

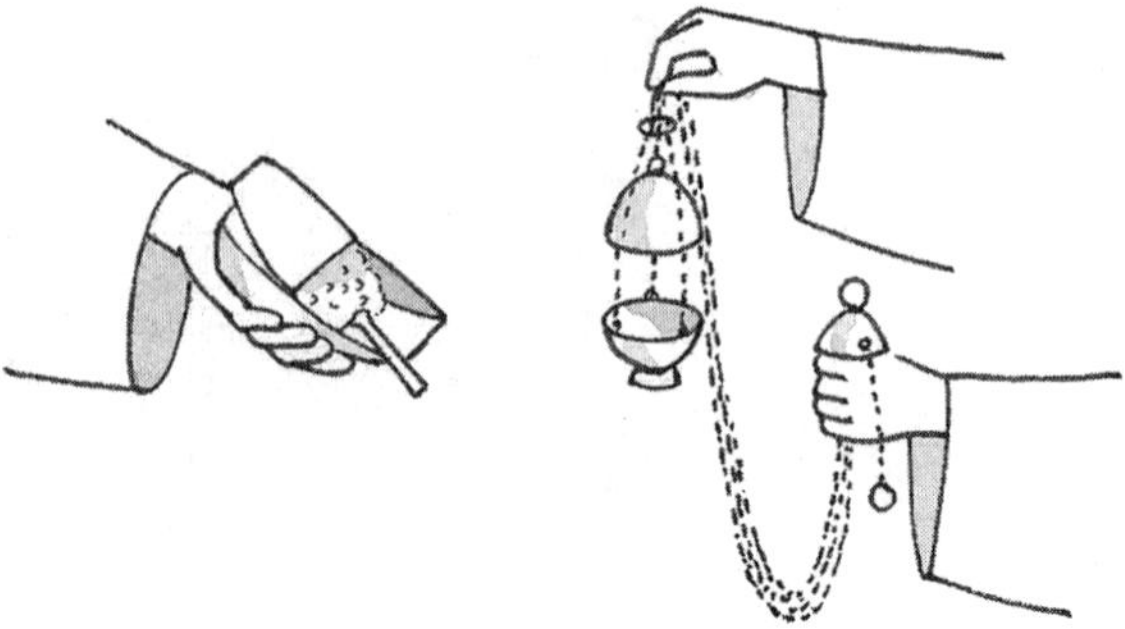

香を入れてもらう時は、リングを引いて蓋を開け、左手で上部の金具下の鎖を束ねて握り、右手でつり上げた蓋の上部の鎖を持って、香を入れやすい高さまで香炉を持ち上げます。
香舟は香炉の近くで香を入れやすい位置に差し出すようにします。

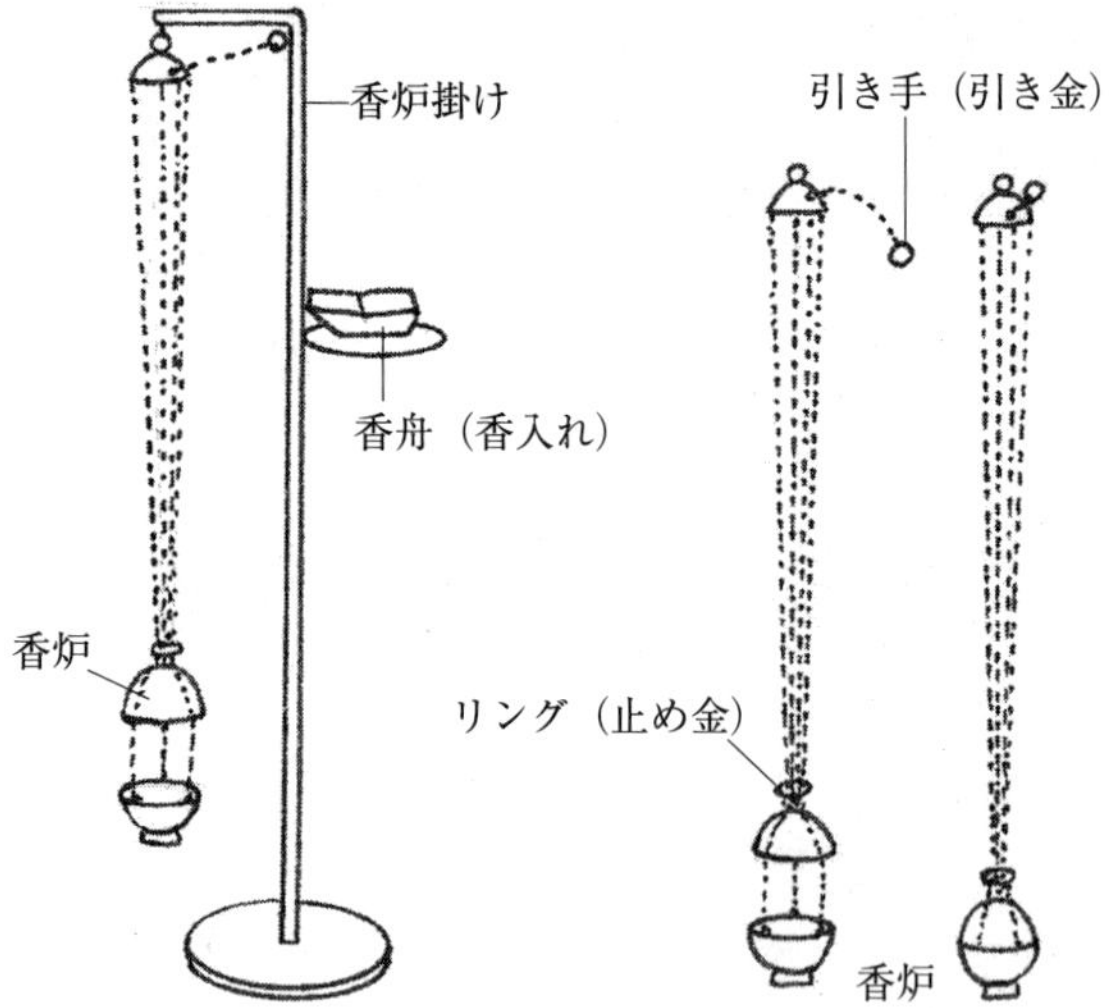

2　祭壇奉仕者の役割

1　どのミサにも共通する基本的役割

祭壇奉仕者の役割の一つは「飾り」です。「飾り」というと聞こえが悪いかもしれませんが、ミサの中で、特に重要な場面を強調するためのしるしとしての飾りだと考えればよいでしょう。この「特に重要な場面」というのは、特別に「キリストの現存（いまここに、目には見えないが、復活したキリストがおられること）」を感じさせる場面のことです。

第二バチカン公会議の『典礼憲章』7項は、キリストはミサのうちに現存していると述べ、さらに、「奉仕者自身のうちに」「聖体の両形態のもとに」「ご自身のことばのうちに」「教会が嘆願し、賛美を歌うとき」キリストが現存している、と述べています。そこからミサの中で祭壇奉仕者が「飾り」として重要な役割を果たすことが理解できるでしょう。

まず最初は、入堂の行列です。会衆が集まって入祭の歌を歌うとき、そこにキリストがおられますし、司式司祭もキリストの現存のしるしです。司祭だけが入堂するのではなく、祭壇奉仕者が司祭とともに入堂するとき、このキリストの現存を強調する意味があります

（十字架やろうそく、さらに香や聖書を携えることもあります）。

次の場面は福音朗読のときです。福音を朗読する助祭や司祭に祭壇奉仕者が付き添うことは、「聖書が教会で読まれるとき、キリストご自身が語られる」（『典礼憲章』7項）といわれるように、聖書をとおして語られるキリストの現存を強調するのです。ここでも場合によっては祭壇奉仕者がろうそくを捧持したり、香が用いられたりすることもあります。

第三の場面は奉献文（感謝の祈り）が唱えられるときです。ここは聖体におけるキリストの現存が強調される場面ですから、祭壇奉仕者は祭壇の近くの適切な場所に立つことになります。祭壇奉仕者が祭壇のまわりに立つということには、「主の食卓を囲む」という意味もあります。感謝の典礼が始まっても会衆はほとんど動けませんが、祭壇奉仕者が、「皆で主の食卓を囲んでいる」ことを表す場に立つことはふさわしいことです。もちろん、司祭のほうを向いて立つことになります。

第四の場面は聖体拝領の場面です。ここは聖体において信者がキリストと一致するミサの頂点といえる場面です。祭壇奉仕者は聖体を授ける司祭の傍らに立って、そのことを強調するのです。なお、必要な場合、司祭が聖体を配るのを信徒の奉仕者（聖体授与の臨時の奉仕者・祭壇奉仕者）が助ける場合がありますが、それについては後述します。

祭壇奉仕者が立っているとき（つまり、奉仕者として奉仕しているとき）の基本的な姿勢は合掌であることも、これらのことから考えれば当然でしょう。なお、祭壇の近くで奉仕する人は奉仕者の共通の祭服であるアルバ（白い服）を着ることになっています。また、必要があればチングルム（帯）を締めます。これは神に仕える人の姿を表しています。

ミサの式次第では順序が戻りますが、ことばの典礼の中で、祭壇奉仕者には朗読者の案内という役割もあります。朗読者はよく準備された人であることが望ましいと言えますが、同時にいちばん取りかかりやすい奉仕なので、できるだけ多くの人にお願いしている教会も多いでしょう。不慣れな朗読者の場合、特に案内が必要になるでしょう。朗読台に向かうとき、祭壇の前で一礼するのが適当です。マイクの操作や朗読聖書を整えることも朗読者を案内する祭壇奉仕者の役割といえましょう。このように、福音朗読のときに司祭や助祭の脇に立つことと、それ以外の朗読をする朗読者を案内してその脇に立つことには意味に違いがあります。

感謝の典礼の中で、祭壇奉仕者には司祭を助ける実質的な役割があります。主の食卓の第一の奉仕者は司祭です。それはイエスご自身が「仕える」方であったことと同じ意味だといったらよいでしょう。司祭は、信者のささげものを受け取り、祈りを唱えながらパンとぶどう酒を祭壇に供え、感謝の祈りを唱えます。そして聖体を信者に配りますが、これらはすべて仕えるものとなられたキリストご自身の姿を表すものです。

ミサの場に助祭がいれば、司祭以外では助祭が食卓の第一の奉仕者として奉仕します。祭壇の上にコルポラーレ（聖体布）やミサ典礼書などを準備するのは助祭の役目です。さらに選任された祭壇奉仕者がいれば、彼らも助祭に近い奉仕をします。祭壇奉仕者としての選任を受けていない祭壇奉仕者の場合、以下のような役割があります。

(1) 司祭がパンとぶどう酒や献金など、信者の奉納するものを受け取るのを助ける。

(2) 司祭がパンとぶどう酒を祭壇に供えるのを助ける（信者が運んでくるパンとぶどう酒以外に、供えるべきパンやぶどう酒があればそれを祭壇に運び、あるいはぶどう酒や水を司祭がカリスに注ぐのを手伝う）。

(3) 司祭が手を洗うのを助ける（司祭の手に水を注ぎ、手ぬぐい＝マヌテルジウムを差し出す）。

(4) パテナやカリスの片づけを手伝う（司祭のところに水を運び、すすぎの済んだ祭器類を祭器卓に片づける）。

以上がどのミサにも共通した祭壇奉仕者の基本的な役割です。

プリフィカトリウムとコルポラーレのたたみ方

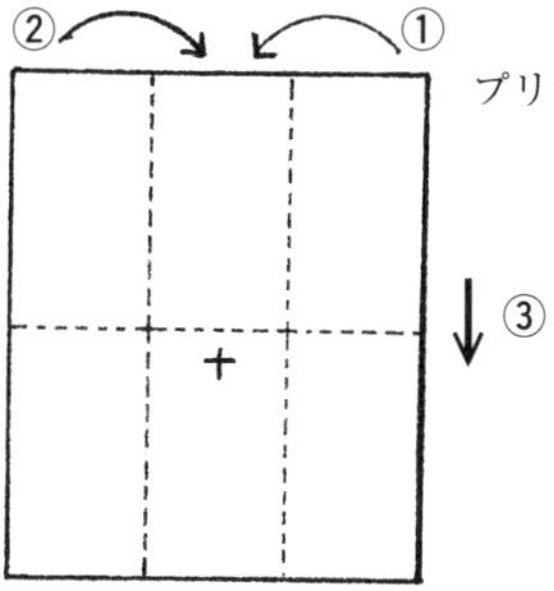

プリフィカトリウム

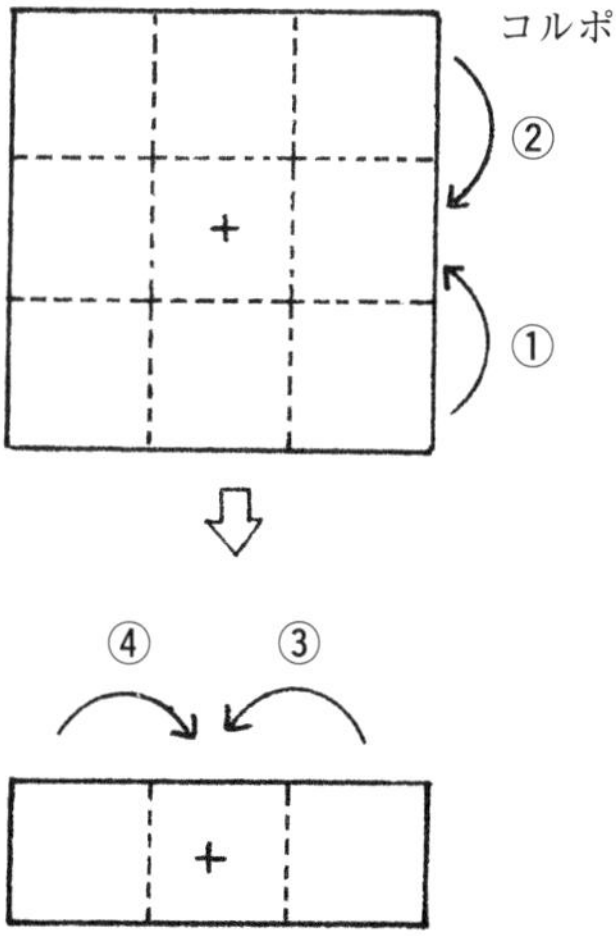

コルポラーレ

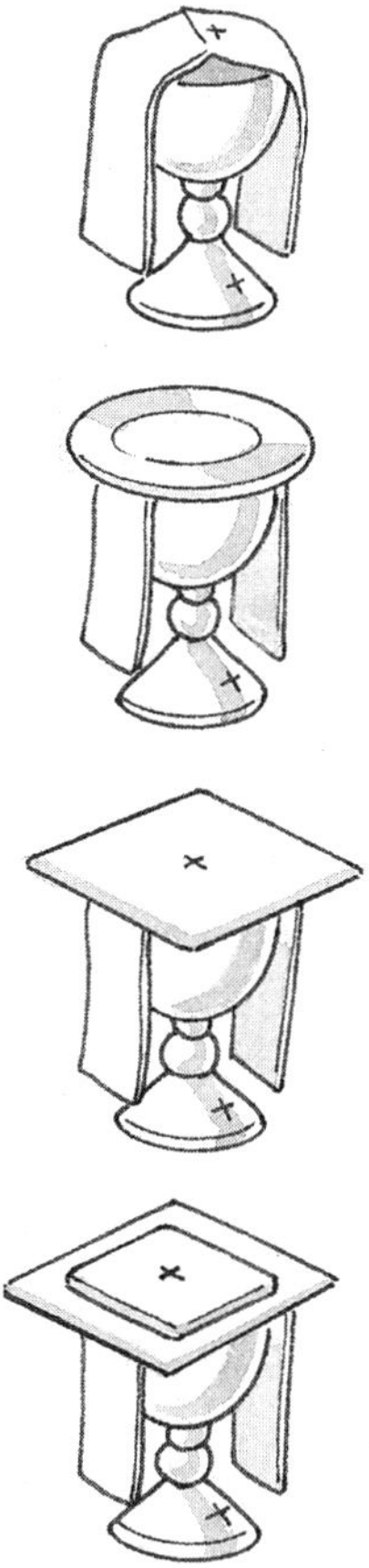

①	ウルセオルス	ぶどう酒や水を入れる器。
②	カリス	聖別されるぶどう酒を入れる杯。
③	灌水器《かんすいき》	祝福された水（聖水）を入れる聖水器と、聖水を振りかける灌水棒からなる。
④	カンパヌラ	聖別の前やパンとカリスが会衆に示されるときに鳴らす小鐘。
⑤	コルポラーレ	聖体布。カリスやパテナの下に敷く、十字架のしるしのある四角い白い麻布。
⑥	チボリウム	聖体容器（大）。聖体を運ぶ容器。
⑦	トゥリブルム	献香用の香炉。炭火を入れ香を焚く。
⑧	ナビクラ・インチェンシィ	香舟。金属製の香入れ。
⑨	パテナ	聖体皿。パンを聖別し、拝領に用いる。
⑩	パラ	カリスのほこりよけの四角い覆い。
⑪	ピクシス	聖体容器（小）。携帯用の小型容器。
⑫	ペルビス	司祭の手洗い用の小ばち。
⑬	プリフィカトリウム	清浄布。カリスやパテナを拭くために用いる白い麻布。
⑭	マッパ	食卓布。祭壇を覆う少し厚手の白い布。
⑮	マヌテルジウム	司祭が手を洗った後に拭くための布。

祭器図解

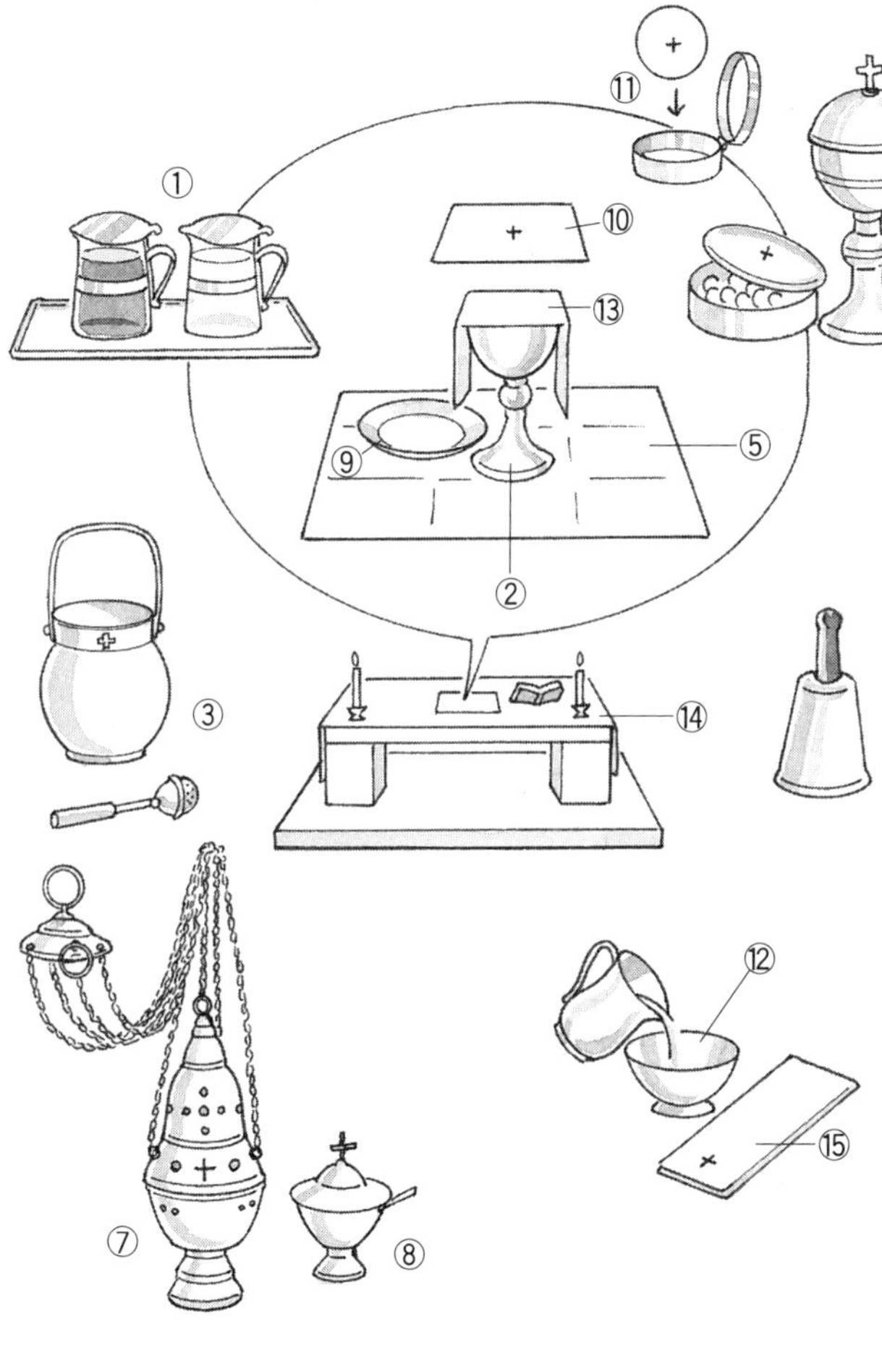

①	アミクト（アミクトゥス）	アルバを着る前に首まわりを覆う肩布。襟もとを覆う一体型のアルバの場合は不要。
②	アルバ	白衣。祭服のなかで最も基本的なもの。すべての奉仕者に共通。
③	カズラ	いちばん上に着る首もとから全身を覆う袖のない祭服。
④	プルヴィアレ（カッパ）	行列、屋外、その他の祭儀の場合に、首もとで留めるマント型の祭服。
⑤	ストラ	叙階されたしるしとして、両肩から胸の前に下げる。助祭の場合は左肩から胸の前を斜めに横切って右腰までのばし、固定する。
⑥	スルプリ（コッタ）	半身を覆う袖の広い白い祭服。
⑦	ダルマティカ（ダルマチカ）	ひざまでの長さと広い袖のある助祭用の祭服。司教がカズラの下に着用することもある。
⑧	チングルム	アルバを留めるためのひも状の帯。
⑨	バクルス	司教杖。牧杖。羊飼いの杖に由来する。指輪と胸の十字架も司教のしるしを表す。
⑩	ミトラ	司教冠。円形の小さな帽子はカロッタと呼ばれる。

祭服図解

2 基本的役割以外の可能性

本項以下で扱う祭壇奉仕者の役割は、どのミサでも必ずあるとは限りません。

a 鐘を鳴らす場合

このほか、感謝の典礼の中で、祭壇奉仕者が小さな鐘を鳴らすという習慣のある教会もあるでしょう。伝統的にミサの中で鐘を鳴らす場面は四カ所あります。

(1) 奉献文の中で、感謝の賛歌のあと、司祭がパンとぶどう酒の上に手を延べるとき

(2) パンについて聖別のことばが唱えられたとき

(3) ぶどう酒について聖別のことばが唱えられたとき

(4) 司祭が御血を拝領するとき

ときどきこれらの鐘の合図は、動作の合図であると理解されていました。(1)はひざまずく合図、(2)と(3)は頭を下げる合図、(4)は立ち上がる合図、というように。ただし、そう考えると問題が起こります。特に(2)と(3)の場合、司祭は聖別した聖体を会衆に示すことになっているのに、皆が下を向いてしまい、聖体を見なくなってしまう、という問題です。ここでは会衆は聖体をしっかりと仰ぎ見て、その後司祭と一緒に頭を下げるのが適当です。

そこで、本来は、鐘は会衆の注意を喚起するための合図だったことを思い出したらよい

と思います。第二バチカン公会議以前、祭壇は聖堂正面の壁に接して造られていましたから、司祭は奉献文を唱えるとき、会衆に背を向けていました。そのため司祭の動作は見えにくかったのです。またミサで用いられる言語はラテン語でしたので、多くの会衆には理解することが難しかったのです。そこで特に重要と考えられた場面で鐘の合図をしたのです。なお、会衆がパンの形だけで聖体をいただくのであれば、司祭の拝領のとき、それに心を合わせる合図になるとも言えるでしょう。現在では、国語のミサの場合、鐘を鳴らす必要性はあまりないといえるでしょう。

b　献香をする場合

ミサの中で香を使う場合、祭壇奉仕者は司祭や助祭を助け、また自ら香を振ることもあります。香は敬意の表現です。入堂の際には祭壇に、福音朗読の前には朗読福音書に対して、さらに感謝の典礼では供え物が整えられた後、その供え物と主の食卓である祭壇に献香する場合があります。

これらは司式司祭や福音朗読をする助祭が行うものですが、供え物と祭壇への献香の後、助祭か祭壇奉仕者が司式司祭と会衆に献香することがあります。この奉納祈願の前の献香には、単に敬意を表現するだけでなく、この供え物とこれからささげる祈り（奉献文）が、香の香りのように天に上り、神のもとに届くように、さらにはここに集まる会衆が神に受け入れられるようにとの願いが込められています。

司祭や助祭が献香する場合、通常は一人の祭壇奉仕者が炭の入った香炉（トゥリブルム）を持ち、一人が香の入った香舟（ナビクラ・インチェンシィ）を持ちます。司祭が香炉に香を入れやすいよう、また、司祭が香を振りやすいように手伝うのが祭壇奉仕者の役割です。また前に述べたように祭壇奉仕者が献香することもありますので香や香炉の扱いは普段からよく練習しておく必要があります。

c ろうそくや十字架を持つ場合など

入堂行列や福音朗読に際して、祭壇奉仕者が十字架やろうそく（福音朗読の場合はろうそくのみ）を持つこともあります。十字架は磔刑のキリスト像が付いている方を前に向けて掲げます。ろうそくの場合、左右の奉仕者の姿勢が会衆から見て対称になるよう心がけます。ろうそくを持つ祭壇奉仕者と十字架を持つ祭壇奉仕者がともに立つときは、十字架を持つ奉仕者が常に中央に入るようにします。なお、ろうそくや十字架を持っている間はお辞儀をしません。

祭壇奉仕者にはこれらのさまざまな役割がありますから、複数の祭壇奉仕者がいてその役割を分担することが望ましいでしょう。また、聖週間の典礼や、いろいろな儀式を伴うミサ（洗礼式・結婚式・葬儀ミサなど）の場合には、これ以外にも多くの奉仕が必要になりますから、日頃からよく準備していることが大切です。

＊本章で掲げたイラストは参考例です。

第9章　聖体奉仕

1　ミサの中での聖体奉仕

聖体奉仕というと普通、信徒に聖体を授けることを言いますが、実はそれ以前にもう一つの聖体奉仕があります。それは主の晩餐におけるキリストの役割（聖別のことばと動作を行う）を果たすこと、つまり「聖体を作る奉仕」であり、それは司祭だけが行う奉仕です。「聖体を運ぶ奉仕」も第一に司祭の務めですが、拝領する信徒が多くて時間がかかりすぎる場合、他の人が手伝います。「聖体を運ぶこと」はただ機械的に行うことではなく、「キリストの体」と言って拝領する人の「アーメン」という信仰告白を促し、それに基づいて聖体を授与することです。これも大切な奉仕なので誰でもよいとは考えられていません。助祭、選任を受けた祭壇奉仕者、任命を受けた信徒の聖体奉仕者がいればその順で行います。これらの奉仕者がいなくて聖体拝領のために時間がかかりすぎる場合には、司式司祭の判断で他の信徒に聖体奉仕をゆだねることもできます。

ただしそういう事態が突発的に起こることはあまり考えられませんので、必要な事態が予想されるのであれば、普段からきちんと信徒の聖体奉仕者を養成しておくことが大切です。教区や地区、小教区などでこの奉仕者のための養成講座が行われているのはそのためです。なお、信徒の聖体奉仕者は正式には「聖体授与の臨時の奉仕者」と言われますが、本書では「信徒の聖体奉仕者」、あるいは単に「聖体奉仕者」と呼んでおきます。

1　特権ではなく共同体のために

信徒の聖体奉仕者がミサの中で聖体を授与するということは、一部の信徒の特権ではありません。聖体（エウカリスチア）は教会共同体をつくる秘跡と言われていますが、信徒も教会共同体づくりに参加していることを目に見える形で表しているのが信徒の聖体奉仕だと言ってもよいでしょう。少数の特定の人だけがこの奉仕を独占してしまうのは適当ではないでしょうし、典礼の奉仕だけに熱心な人よりも、共同体の中で人々のために働いている人がふさわしいとも言えるでしょう。どのような人がその奉仕を行うべきかは、共同体でよく話し合って決めるべきことです。

聖体奉仕者は聖体拝領のときに突然現れるのではなく、ミサの始めから奉仕者の服（アルバ）を身に着け、奉仕者の席に座るのが適当です。また、聖体奉仕以外は何もしないというのではなく、必要に応じて、祭壇奉仕者としてのさまざまな奉仕を受け持つことは当然でしょう。

2　聖体奉仕の実際

ミサの中で、信徒の聖体奉仕者は司祭の拝領が終わってから祭壇に近づきます。そして司祭または助祭の手から聖体を拝領します。信者に聖体を授けるにあたっては、聖体のパンを手に取って拝領者に示し、「キリストの御からだ」と言い、「アーメン」という拝領者の信仰告白を確認してから、聖体を授けます。日本の教会では、信者が聖体を手のひらで受け、自分で口に運ぶことが許されています。日本では尊いものを手に受けるのが自然であるという理由でこの適応は認められたそうです。しかし、直接口に受けたい人には、口に授けなければなりません。これは授与する奉仕者が決めることではなく、拝領する人が決めることです。

パンとぶどう酒の両形態で聖体が授けられる場合、聖別されたぶどう酒（御血）の拝領も聖別されたパン（御からだ）の拝領と同様、聖体奉仕者はまず自分が司祭または助祭から御血をいただきます。祭壇上のカリスを自分の手で取って拝領することはふさわしくありません。

両形態の聖体拝領は、司祭または助祭が御からだを授け、その側で他の奉仕者が御血を授けるという形になることが多いでしょう。これは助祭や選任された祭壇奉仕者がいればその人々の役割ですが、いなければ信徒の聖体奉仕者が、御血を授与することになります。御血の拝領にはさまざまな方法がありますが、ここでは奉仕者がカリスを拝領者に手渡す方法についてだけ説明します。

御血が入ったカリスを差し出すにあたって聖体奉仕者は「キリストの御血」と言い、「アーメン」という拝領者の信仰告白を確認してから、カリスを拝領者に渡します。拝領者がカリスから一口拝領したのち、奉仕者はそのカリスを受け取り、拝領者が口を付けた部分をプリフィカトリウムで拭き、次の拝領者に同じように御血を授けます。

3 聖体奉仕者による祝福

ミサの中で信徒が聖体奉仕をするときに一つの戸惑いがあるかもしれません。日本の教会では聖体拝領をしない人（幼児やカトリック信者でない人）に聖体拝領のときに祝福を与えることがあります。これについて『ミサ典礼書』には何も規定がありませんが、すべての人を招き、受け入れたキリストの心を表すために、いつのまにか広がり、定着してきたものだと言えるでしょう。

司祭だけがすべき祝福（祭司としての祝福）は、「主は皆さんとともに。（また司祭とともに。）全能の神、父と子と聖霊の祝福が皆さんの上にありますように」というものです。

しかし、他の形での祝福は司祭だけがするものではありません。そもそも聖書の中での祝福は第一に神ご自身が人を祝福するものですが、人間同士の間では親が子にするのがふつうでした。ですから、聖体奉仕者が子どもやカトリック信者でない人を祝福してもかまわないはずです。もちろん司祭が共同体を代表して幼児やカトリック信者でない人を祝福することにも意味があるでしょう。それぞれの共同体の事情を考えながら適切な方法を見つければよいと思われます。

なお、祝福のことばは決まっていません。司祭の祭司的祝福と紛らわしいことばは避け、子どもにも、初めて教会を訪れた人にもわかりやすいことばで祝福したらよいでしょう。

2　病人の聖体拝領のための奉仕

1　聖体を切実に必要としている人へ

ミサ以外での聖体奉仕といえば、集会祭儀での聖体授与と病人に聖体を運ぶことが考えられます。集会祭儀のことは10章で扱うので、ここでは病人の聖体拝領のための信徒の奉仕者について述べます。

病人にとって病床でいただく聖体は、人々の病を担ってくださったキリストに出会い、キリストのいやしの力に触れ、キリストの苦しみといのちに結ばれる大切な秘跡です。また、その人がたとえミサに来られなくとも、父である神とキリスト、そして教会共同体はその人を忘れていないという大切なしるしにもなります。ミサに参加できる人以上に、参加したくても参加できない人のほうが、もっと切実に聖体を必要としていると言ってもよいのではないでしょうか。

共同体の中の弱い人々、病気や高齢のためにミサに来られない人を訪問し、聖体を運ぶのは牧者である司祭の大切な仕事です。また、助祭は伝統的に共同体の中の弱い人々に心を配り、病人に聖体を運ぶことを大切な役割としていました。しかし、病人が多く、司祭や助祭だけではたびたび訪問するのが困難な場合、信徒の聖体奉仕者が病人に聖体を運ぶことができます。別な観点から言えば、共同体の中の病者に心を配るということは、司祭だけの責任ではなく、信徒の責任でもありますから、信徒が当然協力していく奉仕とも言えるでしょう。

ただし、受け入れる側の心情の問題もあります。誰かが突然家にやってきて、「わたしは聖体奉仕者ですから、聖体を持ってきました」と言ってもなかなかぴんと来ないでしょう。

2　病床訪問を始める前に

信徒の病人の聖体拝領のための奉仕には、いろいろな準備が必要です。

(1)　共同体全体が病人の聖体拝領についての理解を深める。

(2)　聖体を運ぶことを実践し始める前に、病床訪問をする信徒のグループを作る。この訪問グループは理論と実践の両面から、病者や高齢者の心理を理解し、話の聞き方、ことばのかけ方、聖書の読み方、祈りの導き方について研修する。

(3) 実際に病者との信頼関係ができあがる中で、聖体奉仕を行う。

病人に聖体を運ぶということは、その人がたとえミサに来られなくとも、父である神とキリストはその人を忘れていないという大切なしるしです。

これらのことは司牧者である司祭が積極的に関わり、司祭と信徒のチームワークの中で行われるべきです。

なお、ミサに来た人が、病床にいる家族のために聖体を運ぶ、ということもあります。これはミサに来ることのできない家族への自然な感情とも合致しますし、その日にすぐに聖体の恵みを分かち合うことのできる点で優れています。大阪教区などでは一般的に認められています。

3 最も大切なこと

典礼の中では、すべてのことが規定されているわけではありません。また、何が正しく何が誤りであるといえないこともたくさんあります。このような点については、それぞれの共同体で司祭を中心に、共同体の状況や、特に苦しみを抱えている人、弱い立場に置かれている人々の事情を考え、ふさわしいやり方を見つけていけばよいのです。

また、あらゆる典礼奉仕がそうですが、特に聖体奉仕に関して言えることは、わたしたちの奉仕の模範は「仕えられるためではなく仕えるために来られた」キリストご自身だということです。最も大切なことは、キリストの心をもって奉仕するということなのです。

第10章　司祭不在のときの主日の集会祭儀

教皇庁は一九八八年に「司祭不在のときの主日の集会祭儀指針」（以下「集会祭儀指針」）を発表しました。これは、ことばの祭儀や、信者がともに集まってささげる教会の祈り、ロザリオ、十字架の道行きなど、さまざまなかたちの集会祭儀の実践を前提にしつつ、特に、司祭がいない場合であっても、主の日に信者が共同体として集い、主の日を祝い、主の日をふさわしく生きることができるようにすることを目的に出された指針です。

1　主の日

1　主の日の始まり

オリーブの園で祈っておられたイエスが逮捕されたとき、弟子たちはイエスを捨てて逃げ出してしまいました。ところが十字架の上でイエスが息を引き取られ葬られた数日後には、バラバラに逃げていた弟子たちは再び集まり、「復活された主に出会った」と証言し始めます。逃げ回っていた弟子たちが堂々と人前で語ることができるようになったのは、復活されたイエスと出会い、自分たちの裏切りをゆるしてもらい、使命を受けて遣わされたからでした。彼らがイエスと出会い、イエスこそ主であり、キリストであると悟らせていただいたのは安息日（土曜日）の後の「週の初めの日」（日曜日）でした（マルコ16・2、9参照）。それでキリスト者は、主が復活された週の初めの日を「主の日」と呼んで大切にし、パンを裂くために集まるようになりました（使徒言行録20・7参照）。

教会（エクレーシア）とは、復活した主によって呼び集められた共同体のことです。教会は、安息日を大切にするユダヤ人から排斥されても、キリスト者が集まることを危険視するローマ皇帝から迫害されても、主の呼びかけにこたえて、主の日に集まり続けました。ローマ帝国における迫害は、信仰に対するものというよりは礼拝集会に向けられていました。聖体拝領をするためだけなら、少人数で感謝の祭儀をささげ、その後で聖体をもって信徒の家を訪問して回ればよかったはずです。しかしキリスト者は、結社や集会を禁ずる法律に逆らってまで、主の日に礼拝をするために集まり続けました。

その結果、キリスト者が休みでもない日を特別視して日没後や早朝に秘密の祭儀を行うために集まることが理解できないローマ皇帝は、何度も集会をやめさせようとしました。主の日に、死刑囚たちが感謝の祭儀をささげることができるようにと、キリスト者たちが牢獄の中に司祭と助祭を忍びこませた事例が報告されると、ますます当局は、主の日に催される集会をつぶすことに力を注ぎました。しかし、どのように激しく迫害しても、キリスト者たちに、主の日の礼拝集会を断念させることはできませんでした。

2　主の日を祝う

主の日はイエスが復活された日ですが、ただ過去の出来事として主の復活を思い出す日というわけではありません。「二人または三人がわたしの名によって集まるところには、わたしもその中にいるのである」（マタイ18・20）、「わたしは世の終わりまで、いつもあなたがたと共にいる」（マタイ28・20）というイエスご自身のことばを信じ、復活された主がともにいてくださることを体験し祝う日なのです。教皇ヨハネ・パウロ二世は、キリスト者が集って祝うことの大切さを次のように語っています。「主がともにおられることを正しく告げ知らせて生きるためには、キリストの弟子たちが個人的に祈ったり、キリストの死と復活を心の奥深くで思い起こしたりするだけでは不十分です。洗礼の恵みを受けた人は、個別に救われるのではありません。神の民に加わって、神秘的なからだの一員として救われるのです。したがって、彼らは、教会がどのようなものであるのかを十全に明らかにするために集まることが大切です」（使徒的書簡『主の日――日曜日の重要性』31項）。

主の日を祝う最もふさわしい祭儀は、最後の晩餐のときにイエスが「わたしの記念としてこのように行いなさい」（ルカ22・19）と命じられた感謝の祭儀です。

聖書をとおしてキリストの秘義を思い起こし、パンを裂いてともに分かち合い、キリストが十字架によって罪と死に打ち勝たれたことを心に刻み、キリストが今も御父のもとで執り成し続けてくださっていることを味わい、社会への派遣を受ける感謝の祭儀こそ、「キリスト教的生活全体の源泉であり頂点」（『教会憲章』11項）だからです。「日曜日を祝い、主のエウカリスチアの祭儀を行うことが、教会生活の中心」（『カトリック教会のカテキズム』２１７７）なのです。教会はつねに、主の日に集まって感謝の祭儀をささげ、「ことばの食卓」と「いのちのパンの食卓」という二つの食卓における復活した主との出会いをとても大切にしてきました。たとえ司教や司祭が逮捕されたり、天変地異などによって孤立したりして感謝の祭儀がささげられなくなったとしても、いろいろなくふうをすることで、主の日に集まって祈ることをやめませんでした。

2　「集会祭儀指針」発表までの歩み

1　教父たちの証言

紀元一〇七年頃、アンティオキアのイグナチウスは、感謝の祭儀の司式者が司教だと明言した上で、司教から委任を受けた人が行う感謝の祭儀も有効だと書き残しました。テルトゥリアヌスは二〇七年頃、必要に迫られ危険が迫っている状況であれば、信徒であっても洗礼を授けることができるし、授けなければ洗礼を希望する人の滅びに対して罪責を負うことになると記しています。

ヒッポリュトスは二一五年頃、ことばの教話がある場合は神のことばに耳を傾けることをまず優先させ、信徒だけで集まる場合には信徒にはパンの祝福を行うことができないから司教または司祭によって祝福されたパンを受けるようにと書いています。殉教者キプリアヌスは二五〇年頃、司祭がいないなら助祭であっても罪のゆるしを与えることができると書いています。

これらの記述から、教会は初期の時代から、秘跡の本来の司式者である司教を尊重し最優先しつつも、司教がいない状況では司牧的にいろいろな配慮をしていたことがわかります。また、神のことばに耳を傾けるために集まり、聖書朗読と教話の後で聖体を分かち合う現在の聖金曜日のような典礼が行われていたこともわかります。

2 いろいろな実践

オスマン・トルコが支配を始めた一五二六年から一七三一年まで、ハンガリーでは教会活動が厳しく制限されていました。三分の一以上の教会が司祭不在になってしまったため、信徒に対して、主日の集会祭儀を司式し、洗礼を授け、結婚式に立ち会い、ほかに必要な奉仕職を果たす許可が一五六九年に正式に出ました。この実践は、少なくとも一七四八年まで続けられていました。

フランス革命の後、ローマに忠誠であろうとする司祭は、一七九一年に発布された法律に対する宣誓を拒否したために、政府から司祭職を剥奪され迫害され始めました。その結果、司祭の数が極端に少なくなったのですが、フランスやベルギーの田舎の教会においては変わることなく主日の礼拝集会が続けられました。それは信徒リーダーによって、典礼暦に基づいた聖書朗読が行われたりロザリオが唱えられたりしていたからです。皮肉なことに、当時は感謝の祭儀に参加しても聖体を拝領することが極端に少ない時代だったため、聖櫃に保存されている聖体がほとんどなくなっても多くの信者は気にすることなく主日に集まり続けていたといいます。

一八九三年、アフリカのブルンジにおいて、カテキスタの司式による主日の集会祭儀が始められ、一九四三年には宣教師が訪問できない地域において、このような集会祭儀の実施が義務となりました。トーゴにおいても一九三〇年から、ブルンジにならって司祭不在の集会祭儀が行われるようになり、少しずつ他のアフリカ諸国、アジア諸国、そして南米諸国で実践されるようになっていきました。

3　正式承認への歩み

第二次世界大戦終結後、東ヨーロッパから大量のカトリック信者が流れこんだ東ドイツ（当時）で、主日における司祭不在の集会祭儀の研究と試みが始まりました。第二バチカン公会議は、信徒が、祭司であり預言者であり王であるキリストの任務に参加し、積極的な役割をもっていることを宣言しました。それを受けて典礼聖省（当時）は、一九六五年から一年間、東ドイツにおいて、聖体奉仕職の信徒への任命を試験的に始め、司祭がいなくても主日に集まってきた信者が、ことばの祭儀の後で聖体拝領ができるようにしました。翌年、任命を三年に延長し、一九六七年には「ミサ以外のときの聖体拝領と聖体礼拝」の式文を承認し、東ドイツ以外でも信徒を聖体奉仕者に選任することができるようにしました。教皇パウロ六世によって認可されたこの式文は、「ミサ以外のときの聖体拝領と聖体礼拝　一般緒言」とともに規範版として一九七三年に公布されています。

司祭不在の小教区が非常に多くなったため、西ドイツ（当時）やオーストリアでは一九六〇年代後半から、フランスでは七〇年代前半から、アメリカ合衆国では八〇年代半ばころから、信徒奉仕者による聖体授与を含むことばの祭儀が頻繁に行われるようになりました。フランスでは一九七七年の一年間に六十七教区千百小教区でこの集会祭儀が行われ、一九八七年までの十年間で、定期的に司祭不在の集会祭儀を行っている小教区数は約三倍に増えました。

典礼省（当時）は、世界各地で必要に迫られて行われてきた信徒奉仕者による聖体授与を含むことばの祭儀のさまざまな経験を吸い上げた上で、一九八八年に「集会祭儀指針」を発行しました。日本では、一九八九年に発行されたカトリック儀式書『ミサ以外のときの聖体拝領と聖体礼拝』（カトリック中央協議会）の中に、「集会祭儀指針」、「ミサ以外のときの聖体拝領と聖体礼拝　一般緒言」、「ミサ以外のときの聖体拝領　緒言と式次第」、「奉仕者による病者の聖体拝領および最後の糧　式次第」などが一括して掲載されています（二〇〇七年に改訂新版発行）。

3　「集会祭儀指針」が大切にすること

1　小教区共同体として主の日を祝う

「集会祭儀指針」は、この指針を発表することになった理由を記した「前文」、最も大切にしなければならない主の日の意義について記した第一章「主日とその聖化」、集会祭儀をささげる前に整え留意しておくべきことを記した第二章「司祭不在のときの主日の集会祭儀の諸条件」、準備や実施にあたっての諸注意や式次第の解説を記した第三章「ミサがないときの主日の集会祭儀」の四部で構成されています。第二章や第三章に書かれているいろいろな事柄は、あくまでも第一章に書かれている「主日とその聖化」を前提に理解しなければならないものです。

ある小教区での体験を紹介します。小教区の宣教評議会と典礼委員会は司祭とともに一年近い準備を行った上で、司祭が休暇で帰国している期間、月に一度、「司祭不在のときの主日の集会祭儀」（以下「主日の集会祭儀」）をささげることにしました。

ところがその小教区に所属する修道院のシスターたちは、宣教評議会や典礼委員会の願いを振り切って、「主日の集会祭儀」が行われる日、車に分乗して近隣の小教区でささげられるミサに行ってしまいました。その理由を問われたシスターたちは、「『集会祭儀指針』にある『主日のミサをささげることができない地域でまず検討すべきことは、信者が近郊の教会に行き、そこで感謝の祭儀にあずかれるかどうかである』（第二章18項）という規定に従っただけ」と答えたそうです。

これは指針第一章の、「『キリストのからだの肢体であるのに、一緒に集まらないことによって、教会から自分を引き離すことのないように……。どうでもよいことだと考えて、集まるのをおろそかにすることがないように、救い主をその肢体から疎外したり、そのからだを引き裂くか、ばらばらにしたりすることがないように……。』これは最近、第二バチカン公会議が次のことばで想起させたことと同じである。『この日、キリスト信者は、一つに集まらなければならない』」（10項）や、「信者は、キリスト者の共同体生活として主日の集会の中で行動参加を体験するとともに、真の兄弟愛と聖霊の導きのもとに霊的に強められる機会を見いだせるようでなければならない」（15項）という基本から離れて第二章の規定を受けとめた結果の判断だといえるでしょう。第一章を理解しているならば、第二章18項が、車をもっているシスター方や健康な人がそれぞれ個人的に判断する事柄ではなく、高齢者や身体障害者、車をもたない人を含めた小教区共同体の信者全員のことを配慮して小教区評議会や典礼委員会が司祭とともに判断する事柄だとわかっていただけたと思うのですが、いかがでしょう。

2　補助的な祭儀

「集会祭儀指針」は、主に呼び集められた共同体である教会（エクレーシア）が、どのような状況のもとでも、主日の祭儀をふさわしく祝うことができるようになることを願って出されました。どうしても主日に感謝の祭儀をささげることができない場合、主日の集会が「交わりの神秘のしるし」（50項）となり、「司祭を待ちながら」（27項）、「感謝の祭儀にあずかる願望を信者のうちに……強めるとともに、感謝の祭儀によりよくあずかるよう信者を促す」（22項）ものとなるための配慮を記したものです。ですから、感謝の祭儀をささげることができるのに「主日の集会祭儀」をささげることを促したり、感謝の祭儀の代わりに「主日の集会祭儀」を推奨したりするものでは決してありません。

「主日の集会祭儀」は、たとえ司祭が不在であっても、神のことばを聴き、すべての人のために心を合わせて祈り、神の愛をあかしするために、司教から委任を受けた者を中心にして集まる機会を提供するものです。共同体として「真の兄弟愛と聖霊の導きのもとに霊的に強められる」(15項) 祭儀です。「時には主の尊いからだを受ける」(6項) ことができるように配慮するとしても、「主日の集会祭儀」が聖体拝領だけを目的とした祭儀であるかのような誤解が生じないように、細心の注意を払う必要があります。

3　集会司式者の養成

どのように「集会祭儀指針」を適応し、司祭不在のときに主日の集会祭儀を実施していくかという責任は、各教区の司教に委ねられています。そこで集会祭儀を実施している教区では、宣教司牧評議会や司祭評議会などで検討が重ねられ、「集会祭儀指針」に加えてその教区独自の留意事項や約束事が定められています。

たとえば大阪教区では、地区単位で開催される約三十時間の集会祭儀司式者養成コースを修了した者の中から、小教区（ブロック）担当司祭が小教区宣教評議会などと相談した上で、集会司式者を三年任期で任命することになっています。この養成コースでは特に、委ねられる任務が兄弟への奉仕であると理解することを大切にしています。集会司式者の役割は、全キリスト者が担う使命を兄弟に思い起こしてもらうための奉仕だからです。

4 残されている課題

「主日の集会祭儀」が紹介されて十五年ほどの日本の教会には、さまざまな課題がまだたくさん残っています。その多くは、集会祭儀そのものよりは「感謝の祭儀」と「聖体」に対する理解不足にあります。

たとえば、皆が一つに集まって主の日を祝うことよりも、「個人的信心を満足させるため」（14項）に聖体拝領を望む人がいます。そのような方に「感謝の祭儀」の意味を理解してもらわないまま、別の日あるいは別の場所で聖別された聖体を拝領する機会だけを提供したら、受け身意識と司祭への依存関係を助長してしまう危険が大いにあります。

1　記念としてこのように行いなさい

イエスは最後の晩餐において、十字架上における完全な自己譲与を前もって示されました。分かち合うパンとぶどう酒がご自分のからだと血によるいけにえであり、弟子たちの共同体がパンとぶどう酒を分かち合うことで十字架のいけにえが永続されるということをイエスは明らかにされました。その上でイエスは、「わたしの記念としてこのように行いなさい」（ルカ22・19）と命じられたのです。

感謝の祭儀は何よりもまず行為です。ご自身を差し出すことによって賛美と感謝をささげられたイエスの行為であると同時に、イエスのことばにしたがって賛美と感謝をささげる私たちをご自分のからだとしてくださるイエスの行為でもあります。

イエスが弟子たちに命じられたのは「このように行いなさい」です。「これを見なさい」でもなければ「これを受けなさい」でもありませんでした。キリスト者の共同体は、イエスによって始められた神の救いの行為を感謝の祭儀によって体験し、キリストのからだとされ、イエスの福音を証しし続けるのです。

2　司祭だけが「感謝の祭儀」をささげるのではない

教会法が「正当かつ合理的理由がない限り司祭は、少なくとも一人の信者の参加も得られない場合はミサを挙行してはならない」（『カトリック新教会法典』第906条）と命じているのは、感謝の祭儀がキリストのからだに属する人々（教会）によるいけにえだからです。だからこそ第二バチカン公会議は、感謝の祭儀に列席する信者が、よそ者や無言の傍観者のようであってはならないと語ります。「ただ司祭の手を通してだけではなく、司祭とともに汚れのないいけにえをささげて自分自身をささげる」（『典礼憲章』48項）信徒も、感謝の祭儀に意識的行動的に参加しているのです。「信者は、自分がもつ王的祭司職の力によって、聖体の奉献に参加し……神的いけにえを神にささげ、そのいけにえとともに自分自身をもささげ」（『教会憲章』10―11項）ているのです。

神のことばに耳を傾け、食卓と食物を準備し、祈りをささげ、パンを分かち合い、イエスがなさったように生きるために、つまり世界に自分たちを差し出すために、信者はともに集まります。初期のキリスト者が、感謝の祭儀をささげるために集まったという理由で死刑を宣告されるとしても、司祭が一人でいけにえをささげ、それぞれが個人的に聖体拝領するように変更するようなことはしなかった事実を肝に銘じたいものです。

3　将来へのお願い

日本でも各地で、司祭不在のときの集会祭儀がささげられるようになってきました。ところが、この十年ほどで浮き彫りになってきているのは、大規模小教区信徒の無関心や無理解と、小規模小教区信徒の涙ぐましい努力です。

都心部から電車を乗り継いで半日以上かかる小教区を担当している司祭が入退院を繰返した後、亡くなりました。残務整理をするためにその小教区を訪問した一人の司祭は、驚くべき事実を知りました。主日に集まる信徒は多くて十二、三人、五十代は一人だけで、あとは年金生活者ばかりという小教区です。彼らは司祭の退院を待ち望みながら、主日には司祭不在のときの集会祭儀をささげ続けていました。

しかし司祭が戻って来られないとわかったとき、感謝の祭儀をささげてくれる司祭を招くために募金を集め始めたというのです。四十キロ以上離れた小教区を二つかけもちしている隣の七十四歳になる司祭を煩わせるのは酷だ。だから往復一万円以上かかったとしても、複数の司祭が働いている司教座聖堂から来てもらおうと、なけなしのお金を出し合っていたのです。

信徒数が少ない小教区には、奉仕者としてふさわしい人材が少ないだけではなく、集会司式者養成コースに信徒を派遣する予算もほとんどありません。そのようなところほど、集会祭儀をせざるを得ない状況に置かれている場合が多いというのは残念なことです。

どうか感謝の祭儀に参加するごとに、いろいろな理由から感謝の祭儀をささげることができない状況に置かれている教会共同体の存在を思い起こし、祈りの中で自分たちに協力できることが何かないか探し、具体的に行動を起こしてくださるようにお願いいたします。

コラム

集会祭儀、さまざまな試み

1　共同宣教司牧の中で――大阪教区の場合

梅田チームでの導入の経緯と試み

梅田チーム（大阪教区では司祭・修道者・信徒からなる司牧スタッフをチームと言う）の共同宣教司牧は、三人の司祭が四つの教会を司牧する体制で始まりました。当初からこの体制は、梅田チームと四教会に主日のミサをどのように祝うかという問題を投げかけました。そして、いくつかの試み（ピンチヒッターの司祭を招く、二教会が合同する、時間をずらすなど）の後、各教会との話し合いで、月に一度主日のミサを前晩に祝うこととなったのです。ただ一教会の英語ミサだけは仕事の関係などで、独自に主日の集会祭儀を行う道を選びました。

しかし、その結果前晩のミサに参加する人数が三分の一に激減し、共同体が主日を祝えなくなったのです。このことは共同体づくりを大切にという大阪教区の「新生計画」、あるいは梅田チームの共同宣教司牧の方針からすれば、大問題です。さらに、宣教会・修道会に属するチーム司祭の長期休暇（三カ月）の問題がありました。主日のミサにピンチヒッターの司祭を招き、その場限りの関わりを繰り返すことは、それまでの経験からすればあまり好ましいことではなかったのです。

梅田チームは、四教会に以下の提案をしました。共同体として集い祝うことを大切にするため、前晩のミサをやめ月一回主日に集会祭儀を行うというものです。その提案は受け入れられ、準備として集会祭儀を考える集いが立ち上げられました。この集いは、『カトリック儀式書　ミサ以外のときの聖体拝領と聖体礼拝』に基づいて進められ、この集いの参加者が中心となって各教会の状況に応じた実施チームづくりを行い、一九九七年春、集会祭儀が始まったのです。

当初から、チームメンバーや信徒で、主の日を祝うという基本の確認とともに、集会祭儀を祝いながら学び続けていくプロセスが大事にされています。

何を大事にしてきたか

実際に集会祭儀を行うにあたって、各教会で注意を払ったのは主に次の三点です。

第一の点は、共同体によってつくり上げるという点です。毎回集会祭儀は担当者チーム（五―六人）によって準備され、行われます。各教会の実情（信徒数など）により多少の違いはありますが、なるべく多くの信徒の担当者が割り当てられ、チーム運営が目指されています。

第二の点は、〝ミニ司祭〟をつくらないという点です。会衆と担当者が一目で区別できるようなもの（例えばアルバのような特別な式服やシンボルなど）は避け、そのことで、担当者は特権者でなく奉仕者であることを自覚します（後に、担当者が「十字架」をつけるなどの新しいくふうも試みています）。

第三の点は、誰でも、担当者になりうる開放性です。特に聖体奉仕者を担当することへの批判がありました。しかし、信徒中心の共同体を目指す共同体づくりにはこの開放性は意味のあることと各教会は考え、その意味で全信徒がその集会祭儀を盛り上げるようなくふうを凝らし続けています。

大阪教区で、「集会祭儀司式者養成コース」に参加した修了者が、特別の地位を持ったかのように振る舞ったと聞きました。修了者の役割は、あくまでも共同体の典礼奉仕のためです。梅田チームでは、〝ミニ司祭〟をつくらないとの前提を大切にし、修了者を公にすることは極力避けるように配慮しています。

共同体の育成をめざして

主日にミサがなくても、信仰者は主の十字架と復活が自らの支えであることを確認し祝うために集いたいと思います。この思いとともに、私は集会祭儀をとおして、共同体の信仰確認の場が、また生命体であることを実感しています。

実際、集会祭儀を生かすも殺すも共同体自身だと思います。日々の生活を生きている一人ひとりがつくり上げる生命体である以上、互いに自分たちの共同体の現実をありのままに見つめ、それぞれの共同体の身の丈に合った祭儀をつくり上げなければならないでしょう。そのためには、継続的な養成と共同体を生かす指導が望まれます。主日の典礼は典礼暦を祝いつつ、各共同体の目指すビジョンに向けたダイナミックな成長過程でなければ、次の世代に、教会のいのちである「主の日を祝う」ことを伝えることができなくなるのではないでしょうか。

梅田チームの各教会は、まったく異なる状況ですが、それぞれの可能性を探りながら、身の丈にあった集会祭儀を自己表現として行ってきました。ある小教区では子どもたちに「すすめのことば」を託したりし、また、小人数の小教区では沈黙や分かち合いを豊かに取り入れ、他の小教区ではミサではできない主の日を祝うくふう（紙芝居、おとなによる子ども紹介、自己のこだわりの紹介、新聞記事の紹介など）も試みています。別の小教区では司教の命により高校生の司式者を誕生させたり、集会祭儀を視野に入れた聖堂を建設したりしました。

これらのことは目に見えない形で共同体を育て、動きの中からつくられていく教会共同体を目指してきたと思います。そして、各共同体で違う祭儀を認めるという温かいまなざしで互いを理解する視点が育ってきています。

確かに集会祭儀は、補助的なものです。しかし信徒が自ら属する共同体を確認し、互いの信仰を確かめながら、一生懸命自分たちでつくり上げた集会祭儀を祝っています。これも、「時」のしるしにこたえる信徒の信仰告白ではないでしょうか。

信徒の時代といわれる今、自らの人生に現れた復活の神秘を祝う共同体の育成こそ、新しい教会共同体をつくり上げる一歩と感じたこの数年の歩みでした。

2 信徒の共同奉仕として——札幌教区の場合

室蘭ブロックでの導入

一九五三年、札幌教区司教の要請で室蘭、苫小牧、岩見沢、清水沢の四地区がメリノール宣教会に預託されました。その頃、この地区では教会の新・改築がさかんに行われ、どの教会にも必ず司祭が常駐し、大きな教会では主任司祭、助任司祭と二人の司祭が常駐していたものです。室蘭教会、東室蘭教会には修道院も併設され、さらに伝道士、伝道婦も置かれていました。

地区の再編成により、現在は苫小牧地区として室蘭ブロック、苫小牧ブロックに分かれており、室蘭ブロックには、室蘭、東室蘭、登別、伊達の四教会があります。司祭の数もしだいに減り、シスターも引き上げ、修道院も閉鎖されて往時の姿が見られなくなって久しくなりました。

一九八一年になると、室蘭、東室蘭、登別の三つの教会を二人の司祭が共同で司牧することになり、主日は二つの教会だけのミサになります。そこで集会祭儀が導入されたのです。

取り組みの実際

集会祭儀の導入は、私たちにとっては初めてのことであり、戸惑いを感じたことは確かで、その対応に苦慮しました。主任司祭は集会祭儀を「共同体の秘跡」として捉えるようにと、次のように解説してくださいました。

「教会がキリストの秘跡となるのは、信者が一つの所に集まって共同で神を讃えるためにキリストに呼び集められたときである。霊的なキリストの体が見えるものとなるのは集められたときであり、この集会こそが教会である。では司祭のいないときはどうすればよいのか。集まらなくてもよいのか。集まったときに、秘跡としての教会が現れるのであるから、共同体の集まりが一番大切なのである。その共同体がミサを行うときはミサにあずかり、集会祭儀を行うときは集会祭儀にあずかることで、共通点は共同体にあずかるということである」と。

私たちは集会祭儀の実施にあたって、第一に司祭数が減少したことによって、ミサに代わるものとして集会祭儀があるとの短絡的な考えであってはならないことを確認しました。

そしてまず、形式的なこととして集会祭儀の式文、奉仕者、みことばの分かち合いが問題になりました。式文については、ミサ式文の感謝の典礼を除いて行うことにしました。

奉仕者と分かち合いについては、現在は主任司祭に任命された成年男子によって行われていますが、当初は家庭集会単位（六地区）に任され、輪番で行っていました。その当番が年に二―三回のペースで回ってくるので、信仰の分かち合いは地区ごとに集まり、準備に十分時間をかけることができました。主日には地区の代表者が全体に分かち合う方法、あるいは、分かち合いのテーマを提示して信者が小グループに分かれて分かち合う方法などがとられます。

ときにはテーマに沿って劇化したユニークな方法もありました。このようにいろいろな方法での分かち合いに子どもたちも参加することができます。その内容も家庭生活の中で、職場で、学校でと多岐にわたり、自分たちの信仰生活を分かち合うのですからインパクトも強いのです。

そのためには共同体づくりが必要です。主日だけで共同体ができるわけではありません。それで私たちは日常のいろいろな教会活動をとおして共同体づくりに努めました。

しかし、信徒の手から聖体をいただくことに抵抗を感じている信者のいることも確かです。このつまずきを解消するために、集会祭儀の研修会の資料をテキストにして信者が自由に話し合う「教会を語る会」で、「聖体の秘跡」についての学習を深め共通理解を図りました。

司祭が代わって二人の司祭が時間差をつけてミサを行うようになると、集会祭儀はほとんど行われず、司祭不在のときだけという時期もありました。

ここ四―五年、前述の三教会を一人の司祭が司牧することになり、高齢で健康上の問題から時間差での教会のかけ持ちをすることが無理になり、ミサは月に二回、そのうち一回は三教会の合同ミサ、あとは集会祭儀でカバーしてきました。

二〇〇三年からは、また司祭が二人になり、集会祭儀は月一回になりましたが、態様には大きな変化はありません。数名の奉仕者でその任にあたっていますが、分かち合いも以前のようなわけにはいかず、奉仕者一人に負担がかかるので、『カトリック新聞』を利用することで終わっています。聖体拝領後の沈黙や黙想に十分時間をとっていきたいものと反省しています。

私たちの行っている集会祭儀は、司祭の司牧態様の変化に対応するものになっているのは否めませんが、主日における集会祭儀の本質的な意義を見極めながら、教区の指針『信徒の共働奉仕』の具現化に向けて継続して取り組んでいかなければならないと思います。

また、わが国の高齢化は着実に進み、教会もその道をたどって久しく、司祭方も同様です。

私たちは、このような状況の中にあって「収穫は多いが、働き手が少ない。だから、収穫のために働き手を送ってくださるよう、収穫の主に願いなさい」（マタイ9・37―38）の主キリストのみことばの中に身をおき、私たちの共同体から司祭の誕生を祈求し続けることは、私たちの最大の責務であると思います。

3　終身助祭と集会祭儀——那覇教区の場合

終身助祭制度の導入の経緯

二〇〇二年二月十一日、那覇教区に四名の終身助祭が誕生しました。私たちは教区行事を企画・実施したり、司教からの派遣を受けて各教会で教理の担当をはじめ洗礼式を執行し、病人を訪問して聖体を授けたり、結婚式を司式したり、また、葬儀と埋葬を司式したり、準秘跡を授けるなど、すべての人の奉仕者として（『教会憲章』29項）仕えています。

那覇教区終身助祭養成コースでは、前期課程で聖書学（旧約・新約）、教理学、福音宣教学、司牧神学、霊性神学、倫理神学、教会史、教会論、教会法、秘跡論など神学的養成課程を履修します。そして、後期課程は司祭の豊かな経験と神学に造詣の深い知識による教示を仰ぎながら、いろいろと意見を交えて分かち合い、相談をしながら実働研修に励みます。

ある小教区の主任司祭が県外研修で不在になったため、司教は主日の集会祭儀の司式を、助祭に任せることにしました。そこで、私は現在（隔週ごとに）、その小教区の信徒の司牧に従事しつつ、「司祭不在のときの主日の集会祭儀」の司式をも務めています。

歴史のある時期に助祭職は司祭職に就くための一過程として位置づけられましたので、それまでの終身という形態での助祭職は十世紀の半ば頃にはその姿を消してしまいました。

しかし、第二バチカン公会議は、助祭職が単に司祭職のためにだけあるのではなく、それ自体は教会の中で固有の役割をもつものであることを確認し、今後、助祭職を聖職位階の永続的な段階として再興することができる（『教会憲章』29項）としました。それを受けて、諸外国では終身助祭制度をいち早く導入しました。

日本では終身助祭制度の具体的な導入にあたっては、各教区の自主的な判断に委ねられています。那覇教区では押川壽夫司教が、一九九九年四月に教区の活性化を図るための具体的な改革と今後のビジョンを発表し、その中で「終身助祭制度の導入」を提示されました。さらに、一九九九年七月の教区壮年会総会で、押川司教は「終身助祭制度の導入について」と題して特別講演を行い、男性信徒、特に壮年層のタレントを生かして教区発展のために祈りと学びと奉仕職への召命に積極的に参与するように呼びかけられました。ついで、教区広報紙『南の光明』に「古くて新しい教会の奉仕職＝終身助祭を琉球の島々に」と題する記事が九回にわたって連載され、教区信徒に対し理解と協力が呼びかけられました。

二〇〇〇年三月には教区終身助祭養成チームが発足し、「カトリック那覇教区終身助祭養成プログラム」がスタートしました。

終身助祭の任務

終身助祭は、すべての人々が同一の目的に向かって自由に秩序正しく協力しながら、救いに到達するように、自分の兄弟姉妹に奉仕します（『教会憲章』18項）。この奉仕のために按手を受けます。その叙階の秘跡の恩恵に強められて、司教とその司祭団との交わりの中で、典礼とことばと愛の奉仕において助祭に固有な任務を神の民に仕える者として行うのです（同29項）。

終身助祭は、ミサやゆるしの秘跡や病者の塗油などを執行することはできません。しかし、荘厳に洗礼式を執行し、聖体を保管し、分け与え、教会の名において婚姻に立ち合い、祝福します。また、死の近くにある者に聖体を運び、信者たちのために聖書を朗読し、人々に教え勧告し、信徒の祭礼と祈りを司会し、準秘跡を授け、葬儀と埋葬を司式します。

このように、助祭は愛と奉仕に務めるとともに、神のことばをよく読み、黙想し、積極的にミサに奉仕し、回心の秘跡によって霊魂を清め、聖体の秘跡を受け、敬虔に聖体を訪問します。また、神の母・おとめマリアに対しては、とりわけ深い愛・信心をもつように霊的生活の向上を図るために努めます。

集会祭儀の奉仕にあたって

当日の福音を前もって声に出して朗読し、味わい、黙想し、理解を深め、資料などを参考にしながら説教の準備にそなえるなど技術的な準備と霊的な準備のもとに集会祭儀に臨んでいます。

初めて集会祭儀を行うために出かけた小教区には、集会祭儀の研修を受けた経験の豊かな信徒の方がおられました。その方は集会祭儀が始まる前に、「皆さん、今日は感謝の祭儀ではありません。司祭不在のときの集会祭儀です。集会祭儀とは……」と説明をした後に、私が初めてだと察したのでしょうか、「集会祭儀ですから儀式書どおりに従って、ことばの典礼と交わりの儀（聖体拝領）をお願いします」と丁寧に指導してくださいました。

その日は、主日でもありましたので、儀式書には載っていませんが「あわれみの賛歌」と「栄光の賛歌」を歌いました。また、献金を受け取るなど奉納の式も執り行いました。後は、儀式書に順次従って進めてまいりました。

共同体の皆さんが、主日に自分たちが「司祭なしに」ではなく、「司祭不在のときに」であること。そして、「司祭を待ちながら」集まっていることが実感できるように（「集会祭儀指針」27項）との注意を払って臨みました。

ところが、司祭は、「あなた（助祭）も集会祭儀を行うときには祭司なのです」と言われました。確かに、司式中に開祭のあいさつで「平和が皆さんとともに」と言えば、会衆は「また司祭とともに」と応えてくださいます。また、福音朗読の際にも「主は、皆さんとともに」と言えば、会衆は同じように「また司祭とともに」と応答します。私たち助祭は、叙階された役務者として、手を広げて祈願を唱え、また、祝福を唱えるなど祭司としての行いをいたします。

もちろんのことですが、集会祭儀と感謝の祭儀が混同することがないように細心の注意を払っております。ついては、信徒の方々が、終身助祭の意味と役割について一層の認識を深めて協力していただくことが大きな課題といえます。

エピローグ――生活の中での奉仕

佐藤初女

五歳の頃、美しく響く教会の鐘の音に心をひかれ、あの音はどこから聞こえてくるのだろうと、不思議に思った日々の記憶は今でも私の心に鮮明に残っています。鐘の音にひかれて、教会の門の外まで行って立ち止まっていたのですが、呼び入れてくれる人はいませんでした。思えばこの鐘の音が最初に私を神様へ招いてくれたように思います。

年月を経て、昭和二十年、私は生まれ育った土地で、敗戦の痛手を負いました。その後、夫の友人の勧めもあって、戦災をまぬがれた地に移ったのです。戦後の混乱期のことで、しばらくの間は教会に行くだけのゆとりもありませんでしたが、生活もようやく落ち着いた頃、長年の念願がかない、私は教会に通うようになりました。

当時の教会の印象は私にとって親しみのもてる場所ではなかったように思い出されます。

信徒の中で仕事は分担されているようなのですが、ある人はミサの準備にいそいそと働いているし、他を仕切っているように振る舞う人もいて、新参者の私に誰一人声をかけてくれる人もなく、私はお聖堂のすみにただじっと座り、帰ったものでした。

このような体験を振り返ってみて感じているのは、教会を訪ねる人は神に呼ばれている人なのに、その気持ちを温かく受け入れる雰囲気や人がいなければ、神を求める人は答えが得られないままに、空しく帰り、その後は続かなくなる人も出てくるのではないかということです。一人ひとりを大切に受けとめること、これは信徒の使命と思うのです。これといったかたちやきまりがあるわけではないけれど、「互いに仕え合う者となりなさい」といわれたイエス様にならって、信徒一人ひとりがそれぞれの生活の場で奉仕する心が大切なのではないでしょうか。社会での役割を終えた後も、奉仕することだけは生涯続けられると思います。

「奉仕」ということばが、私の心に深く刻まれるようになったのは、生涯忘れ得ぬ出会いによるものでした。今から三十五年も前のことですが、私の所属教会ではロベール・ヴァレー神父様という方が司牧しておられました。神父様は母国カナダで福祉について研鑽を積まれ、希望をもって来日されたのですが、時あたかも戦後の混迷の時でなかなか思うように事を運ぶことができない状況でした。それでも希望を捨てることなく、いつも周囲の人々を温かくねぎらい、励ましてくださった神父様のやさしい笑顔と、忙しい生活の中で、わずかの時間でもあれば常に祈っておられたお姿は、今でも鮮やかに浮かび上がってきます。

その頃、篤信の兄妹が全財産を「神父様お使いください」と差し出したのがきっかけで、いよいよ福祉施設建設への第一歩を踏み出すことになったのですが、全財産といっても不動産（リンゴ園）なので事業を始めるには現金が必要です。神父様は再三、母国カナダへ資金調達に行かれたようでした。私たち信徒にできることといえば、リンゴの木を伐採し、根を掘り起こして、その場所に野菜を作って売ったりする程度のことで、それはまったく微々たるものでした。それでもこのようなヴァレー神父様の献身的なご努力と信徒たちの協力で昭和四十八年には福祉施設・大清水ホームが設立されることになりました。

ヴァレー神父様には、たくさんのことを教えていただきましたが、私にとって生涯を貫いて刻まれるほどの大きな影響を与えたのは、ある主日のミサの説教での神父様のことばでした。「奉仕のない人生は意味がない。奉仕には犠牲が伴う。犠牲の伴わない奉仕は真の奉仕ではない」と神父様が力強く話されたとき、このことばが私の胸に突き刺さるように響いたのです。

これまで私はぜいたくをしていないし、いじわるや不親切もしていないと思う。でも、私はこのままではいけない、さりとて差し出すほどのお金もないし、とりたてて才能があるわけでもない、私にどんな奉仕ができるのだろうか、と悶々として帰途につきました。帰り道の途中、ある交差点で立ち止まったとき、ふと、ひらめいたのは「心」でした。そうだ、私には心がある、心だけは汲めども、汲めども尽きることがない、私は心でいこう、心を惜しみなく与えることを私の奉仕の道にしよう、と決心したのです。表面から見ると何の変わりばえもないようなことかもしれませんが、心の中は一回転した思いでした。

その後まもなく、信徒たちの信頼と敬愛を一身に集めておられたヴァレー神父様はわずか五十四歳で腹痛を訴えながら一夜のうちに亡くなられたのです。「神父様ご帰天」の悲報を受けて、葬儀ミサに参集した私たちは、まるで羊飼いを失った羊のような悲しみと心細さでいっぱいでした。そのままそれぞれの家に帰る気持ちにもなれず、何人かの人たちが私の家に集まりました。

ありし日の神父様をお偲びして語り合ううちに、私の心に浮かんだのは「こうしてただ泣いて、嘆いていてもしかたない。神父様が常々あれほど望んでおられた『奉仕』を実践することこそ、神父様のいのちをお生かしすることだ」という思いでした。「一粒の麦は、地に落ちて死ななければ、一粒のままである。だが、死ねば、多くの実を結ぶ」（ヨハネ12・24）という聖句がありますが、振り返ってみればこのときが、現在の私の活動の原点になったと思います。

当時、短大で染め物の実習を担当していた私は、自宅にも染め物の工房として使っていた一室がありました。狭くてもよい、この場に誰でも受け入れて、温かく迎え入れよう、と心を決めて以来、訪ねてくる人は一人、また一人、その人がまた他の人を連れてくる、という具合にその数はしだいに増えてゆき、現在の「森のイスキア」と命名している家を拠点とするささやかな活動へとつながってきたのです。

「ささやかな活動とは？」「どんなことをしているのですか？」と初めて会う方は必ず聞きます。そのつど何と答えてよいのか、戸惑います。これと定めた形や決まりがあるわけではないのです。これまでの長い年月、生活の中で出会う人を大切にし、悩む人、苦しむ人に共感し、求める人を受け入れてきた日々の体験が蓄積されて、今日の形になったわけです。

これまでに、心がけてきたことといえば、簡素でも心をこめて料理を作り、訪れてきた人とともに食卓を囲んできたことでしょうか。胸いっぱいに苦しみを抱えている人はお茶一杯口にすることはできないのです。でも、その苦しい気持ちを誰かに聞いてもらうと、すっきりした気持ちになります。そして心づくしの料理に箸をつけて、「おいしい！」と感じたときには、生き返ったような明るい笑顔を見せるものです。

聖書の中にはイエス様が食卓を囲んでおられる場面がたくさん出てきます。徴税人レビ、身持ちの悪い女、社会から疎んじられ、差別を受けていたこれらの人々とともにイエス様は食卓を囲まれ、愛を注がれたのです。「友のために命を捨てる、これ以上の愛はない」といわれたイエス様はご自分の命をささげ、究極の愛の奉仕を示されたと思います。

私は生活の中で、互いに仕え合い、奉仕することこそ信徒の大切な務めではないかと感じています。「旅人に一夜の宿を貸してもてなす」ことが修道院の始まりと聞きますが、「訪れる人をキリストとして迎え入れる」という精神に私たちも立ち帰りたいと思います。日本でも、ある夜、一人の僧が貧しい家に一夜の宿を乞うた。主《あるじ》は快く迎え入れ、「もてなす何もない。このとおりでございます」と言って秘蔵の鉢の木を切って暖を取り、もてなしたという古い話が伝えられています。

時代が移っても形こそ違い、愛をもって人を受け入れることの大切さは変わっていないと思います。忙しさに追われ、すべて簡単にすませようとしている傾向が見られる現代において、教会でも家庭でも「互いに仕え合う」という精神が希薄になっているようです。「主の食卓を囲み、ともに食べ分かち合う」ことがミサの根本的な精神であって、これは、生活すべてに通じるものと感じています。「神よ、あなたは万物の造り主、ここに供えるパンはあなたからいただいたもの、大地の恵み、労働の実り、わたしたちのいのちの糧となるものです」というミサの祈りはそのまま実生活の行動の中で実践されるものではないでしょうか。神によって生かされているいのちの恵みと感謝のこころが教会での典礼の場だけにとどまらずに、外へと向かうとき、初めて私たちを必要としている人に出会うのだと思います。

いくらことばを尽くして信仰を語っても、相手にはなかなか伝わらないものです。奉仕の生き方、ことばを超えた行動そのものこそが相手の心にいちばん伝わると思います。互いに仕え合う者となり、食卓を囲むとき、主は私たちとともにいてくださると信じています。

「二人または三人がわたしの名によって集まるところには、わたしもその中にいる」(マタイ18・20)。

共同祈願意向例文集

この例文集では、『聖書と典礼』に掲載された中から、一年の典礼暦の主な展開や、世界、社会の諸状況へのまなざしが示されているものを集めました。

典礼暦年・その他の暦に即して

●待降節

・待降節を迎えたわたしたちの心を強めてください。主が来られるときまで、いつも目覚めて祈り続けることができますように。

・キリストを信じるわたしたち一人ひとりが、神の愛を心にとめ、感謝と祈りのうちに、主の降誕を迎えることができますように。

●主の降誕

・主の降誕を祝うわたしたちを賛美の心で一つにしてください。すべての人を救う神の恵みの訪れを告げ知らせることができますように。

・全世界をあなたの愛の光で照らしてください。声にならない祈りが聞き入れられ、善意の人々の働きが豊かな実を結びますように。

・きょう初めて教会を訪れた人々に豊かな祝福を注いでください。キリストとのふれあいが、一人ひとりを支える新しい力となりますように。

●聖家族の日〔家族・家庭の項も参照〕

・すべての家庭の平和をはぐくんでください。一つひとつの家庭のきずなが、世界の平和を築くいしずえとなりますように。

●年　末

・年の瀬を迎えて祈ります。この一年のさまざまな出来事や困難の中から神の示す道を見いだし、新しい年を希望のうちに迎えることができますように。

●神の母聖マリア／世界平和の日（一月一日）

・新しい年を迎えた教会の信仰を新たにしてください。神に心を開いたマリアのように、み旨に従うことができますように。

・新しい年を迎えて祈ります。気持ちを新たに臨むわたしたちの生活と一人ひとりの働きが、一年をとおして、豊かな実を結びますように。

・この世界から憎しみや争いを取り去ってください。すべての人が互いを思いやり、善意をもって平和を実現することができますように。

●主の公現

・生まれて間もないイエスのうちに神の栄光は現れました。弱さや貧しさの中に救いへの招きがあることを、わたしたちに悟らせてください。

・キリストを信じるわたしたちを、あなたの光でいつも輝かせてください。日々、出会うすべての人に救いの喜びを伝えることができますように。

●主の洗礼

・洗礼の恵みを受けたすべてのキリスト者の心を新たにしてください。勇気と熱意をもって、神の愛をあかしする者となりますように。

●新成人のために

・成人式を迎える若者たちを祝福してください。神の呼びかけに心を向け、時代の中で示される使命に目覚めることができますように。

●キリスト教一致祈禱週間（一月十八日～二十五日）によせて

・すべてのキリスト者を一致へと導いてくださ

い。キリストの福音を伝える者として、教派をこえて協力し合うことができますように。

●カトリック児童福祉の日（一月の最終日曜日）

・子どもたちの心に、あなたの恵みにこたえる力を芽生えさせてください。それぞれの喜びとすることが、人々のために生かされますように。

●世界病者の日（二月十一日）〔病気の時に／病気の人のためにの項も参照〕

・病気と闘っている人々のために祈ります。神のことばにたえず新たな希望を見いだし、苦しみを乗り越えることができますように。

●四旬節

・四旬節を迎えた教会が、この世に働く悪の力に惑わされることなく、愛のわざに励み、神の国のあかしとなることができますように。

・四旬節を迎えたわたしたちが、自らの生活を徹底的に見直し、キリストの死と復活の神秘に新たな心で近づくことができますように。

・受難をとおして復活の栄光へと歩んだ主に従う心を強めてください。教会が苦しむ人々の力となり、たえず希望を告げることができますように。

・わたしたちが、ひとり子を与えてくださった神の愛をいつも心にとめ、信仰の上での迷いや試練を乗り越えることができますように。

●洗礼志願者のために

・きょう洗礼志願者となったすべての人を強めてください。神のことばを日々のかてとし、キリストに従う決意を深めることができますように。

・キリストのことばに希望を見いだし、洗礼へと招かれた人々が、教会の交わりをとおして信仰を深めていくことができますように。

・あなたの愛に促され、洗礼の恵みに備えている人々を聖霊の力で満たしてください。主に従う決意を確かなものとすることができますように。
・洗礼志願者とともに祈ります。キリストの光によってわたしたちの心の目が開かれ、主を信じて生きる道を力強く歩むことができますように。

●受難の主日（枝の主日）／世界青年の日

・一人ひとりの苦しみを身に受けて死に向かったイエスを思い起こして祈ります。洗礼によって主の死にともにあずかったわたしたちが復活のいのちへと導かれますように。
・世界中の青年たちがキリストのうちに希望を見いだせるよう導いてください。神の愛に励まされ、未来に向かう力で満たされますように。
・優しさや愛情に飢え渇く人々の心を恵みで満たしてください。十字架に示されたあなたの愛がすべての人を支える力となりますように。

●復活の主日／復活節

・主の復活を記念するわたしたち一人ひとりが、キリストの光を受け、それぞれの生活の場で光となることができますように。
・主の復活を祝うすべてのキリスト者が心を一つにして神を賛美し、新しいいのちの喜びをのべ伝えることができますように。
・復活の喜びの中で洗礼を受けた人々が、教会の新しい力となり、主に従う民として、力強く歩んでいくことができますように。
・新しく洗礼を受けた人たちが、いつもともにいてくださるキリストを信じ、希望と愛のうちにこれからの生活を築くことができますように。
・教会活動の中で一人ひとりに与えられている役割に深く気づかせてください。それぞれの賜物を生かし、宣教に尽くすことができますように。

●召命祈願日（復活節第四主日）

・司祭や修道者を志す人々を祝福し、励ましてください。神の招きに勇気をもってこたえ、救いの喜びを伝える力で満たされますように。

・司祭や修道者を志す若者たちの思いを導いてください。主の招きにこたえ、神の民に奉仕する道を深めていくことができますように。

●世界広報の日（復活節第六主日）

・世界広報の日を迎えて祈ります。正しい情報を見極める目をわたしたちに与えてください。マス・メディアの働きを有意義なものとしていくことができますように。

●聖霊降臨の主日

・聖霊の光でわたしたちをいつも照らし、信じる心を強めてください。キリストによる救いを力強くあかしすることができますように。

●三位一体の主日

・きょうここに集うわたしたちを聖霊で満たしてください。キリストのうちに一つに結ばれ、父である神を賛美することができますように。

●キリストの聖体

・主の体で養われるわたしたちをあなたの愛で満たしてください。分裂や対立に苦しむ世界の中で、一致のあかしとなることができますように。

・あなたから与えられた食物を、世界の人々が公平に分かち合い、日ごとのかてを皆が味わうことができますように。

●堅信式

・堅信を受ける人々のために祈ります。人々の交わりの中で信仰を深め、与えられた賜物を生かしていくことができますように。

●夏休み

・夏休みを迎えた子どもたちが、自然との触れ合いや仲間との交わりをとおして、神の恵みの豊かさを知ることができますように。

・夏休みを過ごす人々に、心身の休養と自分を見つめ直す時を与えてください。新たな力と喜びにあふれる日々を送ることができますように。

●日本カトリック平和旬間（八月六日〜十五日）

・平和旬間にあたって祈ります。すべての人が、世界に平和を根づかせるために一致することができますように。

・平和旬間にあたり、アジア・太平洋の人々に大きな苦しみをもたらした、わたしたちの歴史を深く省みさせてください。心を一つにして平和を実現することができますように。

・今なお、原爆や核実験の被害に苦しむ人々の声に耳を傾けてください。科学の力がすべての人の幸福のために生かされますように。

●聖母の被昇天（八月十五日）

・神のことばを深く心に留め、イエスとともに歩んだマリアにならい、わたしたちも心から神に仕えることができますように。

・救いを待ち望むすべての人のために祈るマリアにならい、教会が、貧しい人や苦しむ人とともに祈り、行動することができますように。

・終戦記念日のきょう、わたしたちが戦争のもたらす悲しみや苦しみの大きさを今一度心に刻み、世界平和への願いと決意を新たにすることができますように。

●高齢者のために

・年配の方々が積み重ねてきた経験や知恵が、若い世代によって大切にされ、生かされていく社会にしていくことができますように。

●世界難民移住移動者の日（九月の第四日曜日）

・難民となって故郷を離れて生活している人々が、周囲の人とのつながりによって支えられ、明日への希望を強めることができますように。

・国を離れ、異なる文化の中で暮らす人々が、それぞれの背景とともに周囲の人々に迎えられ、新しい交わりを築くことができますように。

●世界宣教の日（十月の最後から二番目の日曜日）

・世界宣教の日にあたって祈ります。多くの人に信仰の種をまく人々の働きが全教会によって支えられ、力づけられますように。

●諸聖人（十一月一日）

・信仰に生涯をささげた人々を教会がたえず心にとめ、福音を信じて生きる喜びを、すべての人に伝えることができますように。

●死者の日（十一月二日）

・わたしたちが日々の生活の中にも、なくなった方々とのきずなを思い、互いが主のいのちに結ばれていることに感謝することができますように。

●ラテラン教会の献堂（十一月九日）

・全世界の教会をキリストによる一致へと導いてください。神の民を結びつける愛のきずなを深めていくことができますように。

●聖書週間（十一月の第三日曜日〜第四日曜日）

・聖書週間を通じて多くの人が聖書に親しめるよう導いてください。聖霊の光に照らされて、みことばに心を開くことができますように。

●宣教地司祭育成の日（十二月の第一日曜日）

・宣教地司祭育成の日にあたって祈ります。宣教地であなたの手足となって働くことを望む人々を、聖霊によって強め、導いてください。

さまざまな状況に関して

●道を求める人々のために

・歩むべき道を探し求めている一人ひとりの心に語りかけてください。神のことばに希望をおき、新たな歩みを始めることができますように。

・人生の目標を探し求めている若者たちをキリストとの出会いへと導いてください。自分らしい道を見いだし、力強く歩むことができますように。

・信仰を求めて、教会の教えを学ぶ人々を祝福してください。共同体の祈りに支えられ、キリストとの出会いへと深く導かれますように。

・信仰を深めるために、日々、学びを重ねている人々を導いてください。みことばに養われ、神を知る喜びで満たされますように。

●病気の時に／病気の人のために〔世界病者の日も参照〕

・病に苦しむとき、キリストがそばにいることに気づかせてください。キリストの愛に支えられて、強く生きることができますように。

・病気の苦しみから孤独の中におかれている人々を、救いのことばで力づけてください。ともにいてくださる神への希望で支えられますように。

●心の悩み

・確かなものを見いだせず、不安のうちに生きる人々を顧みてください。神の力強い導きに心を開き、希望をもって生きることができますように。

・罪に悩み、悔やんでいる人々にゆるしと慰めを与えてください。和解の喜びのうちに、新たな一歩を歩み出せますように。

・言い表せない悩みを抱えている人々に光を注いでください。すべてを聞き入れてくださる神を信じ、心を開くことができますように。

・心に傷を負った人々の苦しみをともに担ってください。一人ひとりを見守っておられる、あなたの愛に、希望と慰めを見いだすことができますように。

●家族や家庭に関して〔聖家族の日も参照〕

・不和や分裂に悩む家庭を顧み、あなたの慰めと知恵をお与えください。互いのきずなを取り戻す力を得ることができますように。

・すべての家族のきずなを強めてください。喜びや困難を分かち合って生きる中で豊かないのちと愛をはぐくむことができますように。

・家族や周囲の人々とわかり合えず、孤独のうちに悩み苦しむ人々を心にとめてください。神の愛にいやされ、新たな希望が与えられますように。

・すべての夫婦が、神が結び合わせてくださったきずなの尊さを深く心に刻み、さまざまな困難を乗り越えることができますように。

●社会の諸状況の中で

・人々の毎日の労苦を心にとめ、疲れきっている心をいやしてください。明日に向かう気持ちと力を新たにすることができますように。

・寒い冬を孤独のうちに過ごす人々が、ともにおられるあなたのいつくしみに支えられ、新たな希望で満たされますように。

・社会の不正や暴力に悩む人々に、希望と勇気を与えてください。互いに支え合い、困難に立ち向かうことができますように。

・社会の中で弱く不安定な立場にある人々の声をわたしたちの心に響かせてください。ともに支え、助け合う人々の輪が広がっていきますように。

・疎外されている人、孤立している人に困難に立ち向かう力を与えてください。苦しみをともに担う仲間に支えられ、勇気づけられますように。

・ハンディキャップをもつ人々を励まし力づけてください。生活や仕事における一つひとつの努力が、あなたの恵みによって支えられますように。

・若い人たちの心と体をむしばむ悪の誘惑を退けてください。神が与えてくださった自分のいのちを大切に育てることができますように。

・無力な人、貧しい人の声が大切にされる社会を実現できるよう導いてください。あらゆる場でその声が生かされ、反映されていきますように。

●世界の問題に目を向けて

・民族の対立や紛争のただ中にある人々を苦しみから解放してください。戦いの日々が終わり、引き裂かれた心がいやされますように。

・武力紛争や破壊的行為の犠牲となった人々を心にとめてください。すべての人が平和への願いを新たにし、あらゆる対立を乗り越えることができますように。

・無差別に人を傷つける戦争兵器の悪にわたしたちの目を向けさせてください。被害に苦しんでいる人々を支える連帯の輪が広がりますように。

・富の力が左右する世界の中で、貧しさに苦しむ人々の解放を求めて、多くの人々の力と思いが一つになりますように。

●さまざまな活動に携わる人々のために

・社会の不正に気づき、正義を求めて闘う人々を力づけてください。信念のために受ける迫害や苦しみに耐えることができますように。

・人々の幸福のために自分をなげうって働いている人を祝福してください。困難の時にも神の導きを信じて、力強く歩んでいくことができますように。

・故郷を離れて宣教に携わる人々が、困難の中でも、たえずみことばに励まされ、多くの人々に福音を告げ知らせることができますように。

・宣教や愛の奉仕のために地道な努力を続けている人々を力づけてください。その働きがすべての人の希望の光となりますように。

参考文献

●基礎となる教会文書

『第二バチカン公会議公文書　改訂公式訳』第2バチカン公会議文書公式訳改訂特別委員会監訳、カトリック中央協議会、二〇一三年

教皇ヨハネ・パウロ二世使徒的勧告『信徒の召命と使命』カトリック中央協議会、一九九一年

『ミサ典礼書の総則と典礼暦年の一般原則』日本カトリック典礼委員会編、カトリック中央協議会、一九八〇年

『ローマ・ミサ典礼書の総則（暫定版）』日本カトリック典礼委員会編、カトリック中央協議会、二〇〇四年

『典礼暦年に関する一般原則および一般ローマ暦』日本カトリック典礼委員会編、カトリック中央協議会、二〇〇四年

『朗読聖書の緒言』日本カトリック典礼委員会編、カトリック中央協議会、改訂版一九九八年

『教会暦と聖書朗読』カトリック中央協議会出版部編、カトリック中央協議会、毎年発行

『カトリック新教会法典』日本カトリック司教協議会教会行政法制委員会訳、有斐閣、一九九二年

『カトリック教会のカテキズム』日本カトリック司教協議会教理委員会訳・監修、カトリック中央協議会、二〇〇二年

『カトリック教会の教え』新要理書編纂特別委員会編、日本カトリック司教協議会監修、カトリック中央協議会、二〇〇三年

『カトリック儀式書　ミサ以外のときの聖体拝領と聖体礼拝』改訂新版、日本カトリック典礼委員会編、カトリック中央協議会、二〇〇七年

『日本におけるミサ中の聖体拝領の方法に関する指針』日本カトリック司教協議会著、カトリック中央協議会、二〇一四年

『新しい「ローマ・ミサ典礼書の総則」に基づく変更箇所　二〇一五年十一月二九日に（待降節第一主日）からの実施に向けて』日本カトリック司教協議会著、カトリック中央協議会、二〇一五年
『キリストの神秘を祝う――典礼暦年の霊性と信心』日本カトリック典礼委員会編、カトリック中央協議会、二〇一五年

●入門的なもの

『キリスト者小共同体――21世紀への希望の展望』T・クライスラー他著、菊地功訳、新世社、二〇〇二年
『奉仕する小教区共同体の育成』L・ソフィールド／B・ハーマン著、A・ボナッツイ訳、小田武彦監修、新世社、一九九八年
『ミサがわかる――仕え合う喜び』土屋吉正著、オリエンス宗教研究所、一九八九年
『神の国をめざして――私たちにとっての第二バチカン公会議』松本三朗著、オリエンス宗教研究所、二〇〇二年再版
『典礼の刷新――教会とともに二十年』土屋吉正著、オリエンス宗教研究所、一九八五年
『典礼聖歌を作曲して』髙田三郎著、オリエンス宗教研究所、一九九二年
「典礼をやさしく学ぼう」白浜満著、カトリック新聞（一九九八年二月二二日・第３４６４号～）
『ミサに親しむために〔式次第と解説〕バージョンⅡ』関根英雄著、オリエンス宗教研究所、一九九七年
『ともにささげるミサ――ミサ式次第会衆用〔改訂版〕』オリエンス宗教研究所編、オリエンス宗教研究所、二〇〇〇年

●典礼の歴史と神学に関するもの

『ミサ』J・A・ユングマン著、福地幹男訳、オリエンス宗教研究所、一九九二年
『古代キリスト教典礼史』J・A・ユングマン著、石井祥裕訳、平凡社、一九九七年
『ミサ　きのう　きょう』P・ジュネル著、菊地多嘉子訳、中垣純監修、改訂版、ドン・ボスコ社、二〇一二年

『ミサを祝う——最後の晩餐から現在まで』国井健宏著、オリエンス宗教研究所、二〇〇九年
『キリスト教礼拝史』W・ナーゲル著、松山與志雄訳、教文館、一九九八年
『キリスト教礼拝の歴史』J・F・ホワイト著、越川弘英訳、日本基督教団出版局、二〇〇二年
『暦とキリスト教』土屋吉正著、オリエンス宗教研究所、増補改訂版一九八七年
『教会暦——祝祭日の歴史と現在』K・H・ビーリッツ著、松山與志雄訳、教文館、二〇〇三年
『救いと恵みのミュステリオン——秘跡の神学と教会の活性化』佐久間勤編、サンパウロ、二〇〇三年
『新カトリック大事典』全四巻および別巻、研究社、一九九六年〜二〇一〇年
『岩波キリスト教辞典』岩波書店、二〇〇二年

●障害者・高齢者に関して

『ハンディキャップのある人びとを配慮した教会建築』日本カトリック司教協議会人権福祉委員会編、カトリック中央協議会、一九九一年
『障害の重荷をともに担える日を目指して』日本カトリック司教協議会社会司教委員会編、カトリック中央協議会、一九九六年
『手話でささげるミサ』オリエンス宗教研究所編、オリエンス宗教研究所、二〇〇四年
『高齢者の尊厳と使命』教皇庁信徒評議会、カトリック中央協議会、一九九九年
『障害学への招待——社会、文化、ディスアビリティ』石川准／長瀬修編著、明石書店、一九九九年
『視覚障害者と差別語』遠藤織枝著、明石書店、二〇〇三年
『「ノーマリゼーションの父」N・E・バンク・ミケルセン——その生涯と思想〔増補改訂版〕』花村春樹訳著、ミネルヴァ書房、一九九八年
典礼に関する点字出版物：問い合わせ先——社会福祉法人ぶどうの木・ロゴス点字図書館（電話03・5632・4428）

●外国籍の信者に関して

『国籍を越えた神の国をめざして』日本カトリック司教協議会社会司教委員会、カトリック中央協議会、一九九三年

『教会と人種主義』教皇庁正義と平和評議会、カトリック中央協議会、一九九〇年

『多文化共生のジレンマ――グローバリゼーションのなかの日本』（神田外語大学多文化共生シリーズ1）加藤英俊著、明石書店、二〇〇四年

『エスニック・メディア研究――越境・多文化・アイデンティティ』白水繁彦著、明石書店、二〇〇四年

『多文化共生のまちづくり――青春学校10年実践から』青春学校事務局編、明石書店、二〇〇四年

『外国人住民の生活相談とボランティア――実証的ボランティア論の構築に向けて』阿部敦編著、中野克彦著、ぎょうせい、二〇〇一年

『多文化社会への道』（講座グローバル化する日本と移民問題・第2期第6巻）駒井洋監修、駒井洋編著、明石書店、二〇〇三年

『外国人労働者の人権と地域社会――日本の現状と市民の意識・活動』鐘ヶ江晴彦著、明石書店、二〇〇一年

『多民族共生社会ニッポンとボランティア活動』（明石ブックレット9）田村太郎著、明石書店、二〇〇〇年

『数字でみる子どもの国籍と在留資格』奥田安弘著、明石書店、二〇〇二年

『Welcome, My Child！ようこそ愛する子――お父さん、お母さんのための幼児洗礼の手引き』［保護者用］［信徒でない保護者用］［指導者用］（日本語・英語・スペイン語・タガログ語・ポルトガル語）企画・カトリック東京国際センター、アドルフォ・ニコラス著、ドン・ボスコ社、二〇〇四年

『日本で暮らす外国人のための生活マニュアル――役立つ情報とトラブル解決法2003／2004年版』移住労働者と連帯する全国ネットワーク編、日英対訳／日中対訳、スリーエーネットワーク、二〇〇三年

●子どもたちとともに

『カトリック儀式書　子どもとともにささげるミサ』日本カトリック典礼委員会編、カトリック中央協議会、二〇

○三年
『教会学校の手引き』日本カトリック信仰教育委員会編、カトリック中央協議会、一九八六年
『教会学校・リーダーの手引き』日本カトリック信仰教育委員会編、カトリック中央協議会、一九八七年
『いつもイエスとともに――秘跡のこころ』日本カトリック信仰教育委員会編、カトリック中央協議会、一九九七年
『さあ行こう！　イエスさまが呼んでるよ――子どもとともにささげるミサ〔会衆用〕』オリエンス宗教研究所編、オリエンス宗教研究所、二〇〇四年
『みんなでささげるわたしたちのミサ』江部純一著、オリエンス宗教研究所、二〇〇二年
『うれしいはつせいたい――初聖体テキスト』景山あき子・文／天野誠・絵、女子パウロ会、一九九一年
『はじめてのごせいたい』比企　潔・文／はせがわかこ・絵、オリエンス宗教研究所、二〇〇〇年
Children of the Promise (*Teachers' Handbook*), Sister Judith Russi With The Hertfordshire Religious Education Development Trust, Hodder & Stoughton, 1995.
「グリーン・ベイ・プラン発達段階一覧表」大阪教区教会学校委員会（カシミロ神父）訳、京都教区京都カトリック教理センター（現・カトリック福音センター）、一九七九年
Children of the Promise, Sister Judith Russi With The Hertfordshire Religious Education Development Trust, Hodder & Stoughton, 1995.

●司祭不在のときの主日の集会祭儀に関して

教皇ヨハネ・パウロ二世使徒的書簡『主の日――日曜日の重要性』カトリック中央協議会、一九九九年
『カトリック儀式書　ミサ以外のときの聖体拝領と聖体礼拝』改訂新版、日本カトリック典礼委員会編、カトリック中央協議会、二〇〇七年
教皇パウロ六世「ラテン教会に終身助祭を復興させるための一般規則」伊藤慶枝訳『神学ダイジェスト』一九七四年夏季号所収

『日本のカトリック教会における終身助祭制度および養成要綱』日本カトリック司教協議会終身助祭制度検討特別委員会編、カトリック中央協議会、一九九五年
『終身助祭制度　日本の教会への導入にあたって』山本襄治著、日本カトリック司教協議会終身助祭制度検討特別委員会監修、カトリック中央協議会、一九九六年
「福音に仕える環境」『福音宣教』編集部、『福音宣教』一九九七年二月号
『司祭不在のときの主日の集会祭儀【試用版】』日本カトリック典礼委員会編、カトリック中央協議会、二〇一八年

索　　引——こんなときには？

執筆者――執筆順，（　）内は執筆担当個所

ムケンゲシャイ・マタタ（序にかえて）
淳心会司祭

石井《いしい》祥裕《よしひろ》（第１章，第２章，第６章，第７章，Q&A１～４）
上智大学講師，『聖書と典礼』編集長

橋本《はしもと》宗明《むねあき》（第３章）
社会福祉法人ぶどうの木・ロゴス点字図書館理事

アドルフォ・ニコラス（第４章）
イエズス会前総長

紙崎《かみさき》新一《しんいち》（第５章）
長崎教区司祭，長崎教区元信仰教育委員会委員

幸田《こうだ》和生《かずお》（第８章，第９章）
名誉司教（東京教区）

小田《おだ》武彦《たけひこ》（第10章）
大阪教区司祭，聖マリアンナ医科大学特任教授

井上《いのうえ》玖美子《くみこ》（第10章コラム１）
大阪教区信徒（梅田ブロック）

佐藤《さとう》　章《あきら》（第10章コラム２）
元札幌教区信徒（苫小牧地区室蘭ブロック），2016年帰天

新垣《あらかき》宗堅《そうけん》（第10章コラム３）
那覇教区終身助祭

佐藤《さとう》初女《はつめ》（エピローグ）
元仙台教区信徒，「森のイスキア」主宰，2016年帰天

典礼奉仕への招き

——ミサ・集会祭儀での役割——

第2版

2005年1月10日　初　版第1刷発行
2016年6月10日　第2版第1刷発行
2019年7月10日　第2版第2刷発行

編　者　オリエンス宗教研究所
発行者　オリエンス宗教研究所
代　表　C・コンニ
〒156-0043　東京都世田谷区松原2-28-5
Tel. 03-3322-7601　Fax 03-3325-5322
https://www.oriens.or.jp/
印刷者　平文社

ISBN978-4-87232-095-4　Printed in Japan

東京大司教出版認可済